Erwin Lutzer

Ideale Gemeinde sucht perfekten Pastor

*Wie Sie Unmögliches sofort erledigen
und auf Wüstenstrecken Wunder erleben*

Erwin Lutzer

Ideale Gemeinde sucht perfekten Pastor

*Wie Sie Unmögliches sofort erledigen
und auf Wüstenstrecken Wunder erleben*

BRUNNEN

VERLAG GIESSEN · BASEL

Die amerikanische Originalausgabe erschien unter dem Titel
Pastor to Pastor – Tackling the Problems of Ministry
bei Kregel Publications, Grand Rapids, Michigan
© by 1998 Erwin Lutzer

Aus dem Amerikanischen von Bettina Stippich
Lektorat: Alexa Länge

Die Bibelzitate wurden nach der Revidierten Lutherbibel
wiedergegeben, © Deutsche Bibelgesellschaft, Stuttgart 1999

© der deutschen Ausgabe:
Brunnen Verlag Gießen 2003
Umschlagmotiv: Imagebank, Frankfurt
Umschlaggestaltung: Ralf Simon
Satz: DTP Brunnen
Druck und Bindung: St.-Johannis-Druckerei, Lahr
ISBN 3-7655-1316-4

Inhalt

1. Braucht ein Pastor eine Berufung? 7
2. Die Erwartungen unserer Gemeinde 16
3. Konflikte innerhalb der Gemeinde bewältigen 24
4. Mit „schwierigen" Gemeindegliedern umgehen 31
5. Durch unsere Predigt Menschen erreichen 39
6. „Christliche Schlafmützen" aufrütteln 47
7. Wenn Pastor und Gemeinderat sich nicht verständigen 52
8. Wie stark sollen wir uns politisch engagieren? 60
9. Wenn andere erfolgreicher sind als wir 66
10. Wege aus einem Burnout 73
11. Die Kirche und die Welt – wer beeinflusst wen? 82
12. Müssen wir Psychologen sein, um Seelsorge zu üben? 89
13. Den Glauben unserer Gemeinde vertiefen helfen 97
14. Gottes Gericht erkennen 104
15. Eine „sanfte" Theologie – der richtige Weg? 111
16. Prioritäten setzen 119
17. Wenn Pastoren scheitern 127
18. Wohin Christus die Gemeinde führen will 140

Anmerkungen 148

1
Braucht ein Pastor eine Berufung?

Stellen Sie sich vor, C. H. Spurgeon und Billy Graham hätten einen anderen Beruf als den des Evangelisten gewählt. Wäre das Gott egal gewesen?

Ich bezweifle es. Auch wenn diese Vorstellung heute nicht populär ist, glaube ich, dass Gott immer noch einzelne Menschen in einen bestimmten Dienst ruft, vor allem in die Verkündigung seines Wortes.

Während der letzten zwanzig Jahre hörten wir von Missionaren, dass eine bestimmte Berufung nicht notwendig sei. Christus habe uns den Auftrag gegeben, das Evangelium zu verkündigen. Wenn wir dazu fähig seien, sollten wir das tun. Wir sollten keine Zeit damit vertun, auf ein himmlisches Signal zu warten.

In seinem Buch *Hilfe – ich muss mich entscheiden* schreibt Garry Friesen, dass Gott einen souveränen Willen (seinen umfassenden Plan) und einen moralischen Willen (seine Gebote für das Leben und den Glauben) hat, aber keinen individuellen Plan für jeden Gläubigen, den wir „herausfinden" müssten.[1]

Er fordert uns auf, uns daran zu erinnern, wie schwer es war, „Gottes Willen herauszufinden", wenn wir eine bestimmte Entscheidung zu treffen hatten, und erklärt, warum das so war: Wir suchten nach einer Form der Führung, die Gott uns nicht versprochen hatte.

Friesen rät uns, so viele Informationen zu sammeln, wie wir können, die Argumente dafür und dagegen abzuwägen und aus dem Glauben heraus nach bestem Wissen und Gewissen unsere eigene Entscheidung zu treffen. Ein wichtiger Teil dieses Prozesses besteht natürlich darin, Menschen, die uns kennen, um ihre Meinung zu bitten und auch den Rat anderer einzuholen.

Er bezieht sich dann auf Menschen in der Bibel, die von Gott berufen wurden. Weil Gott hörbar zu ihnen sprach, zweifelten sie nicht an seinem Willen für ihr Leben. Gott teilte Jeremia direkt mit, dass er für eine bestimmte Aufgabe auserwählt sei (Jeremia 1,9-10). Doch so rede Gott heute nicht, deshalb könnten wir diese Beispiele nicht auf uns übertragen. Es werde von uns erwartet, Gottes „moralischem Willen" gehorsam zu sein, doch darüber hinaus lägen die Entscheidungen bei uns. Jede Entscheidung, die aus einer Vielzahl an Möglichkeiten getroffen werde, sei Gott recht.

Da ist etwas Wahres dran. Vielen von uns wurde beigebracht, wir sollten versuchen, den verborgenen Willen Gottes herauszufinden, wann immer wir eine Entscheidung zu treffen hätten. Aber sein Wille war ein Geheimnis, das für uns verschlüsselt blieb. Zweifellos hätten wir einfach zur Tat schreiten und eine vernünftige Entscheidung treffen sollen. Wie ein Pastor einmal seinem Freund riet: „Sorge dafür, dass du ein reines Herz hast, und dann tu, was du willst."

Wir glaubten auch, dass man für eine Berufung in den hauptamtlichen Dienst eine „Damaskus-Erfahrung" braucht. Ohne eine solche Erfahrung wäre man gezwungen, einen „säkularen" Beruf zu ergreifen. Ich kann mich daran erinnern, dass viele junge Menschen auf der Bibelschule und am Theologischen Seminar darüber diskutierten, ob sie „berufen" waren. Viele von ihnen hofften es, waren sich aber nicht sicher.

Es besteht die Gefahr, dass die Kluft zwischen Geistlichen und Laien noch vergrößert wird, wenn man die Notwendigkeit einer besonderen Berufung betont. Jeder Gläubige ist ein Diener Gottes. Die Ansicht, dass manche Christen zu einem besonderen Dienst berufen sind, während das anderen nicht vergönnt ist, widerspricht in meinen Augen der biblischen Lehre, dass jedes Glied am Leib Christi wichtig ist.

Friesens Standpunkt würde auch erklären, warum schon so manche Menschen sich zu einem Dienst berufen fühlten, für den sie schlecht geeignet waren. Um es einfach auszudrücken: Sie hatten sich geirrt. Was sie für die Führung des Heiligen Geistes hielten, war lediglich ihr persönliches Gefühl. Vielleicht haben Sie von dem Mann gehört, der dazu berufen war, zu predigen – doch leider war keiner dazu berufen, ihm zuzuhören!

Ein Mann, der mit vierzig Jahren ausgebrannt war, schloss daraus, dass er nie eine Berufung für seinen Dienst gehabt hatte. Er war nur Pastor geworden, um seine Mutter zufrieden zu stellen. Als Jugendlicher hatte er sich bei öffentlichen Auftritten und in der Gemeindearbeit als sehr begabt gezeigt, deshalb hatte sie ihm zugeredet, Pfarrer zu werden. Heute ist er der Meinung, dass das ein Fehler war.

Trotz der Tatsache, dass wir nicht soviel über die „Berufung" wissen, wie wir es uns wünschen, glaube ich immer noch: Gott gibt manchen Menschen eine bestimmte Berufung, die über die allgemeine Berufung aller Gläubigen hinausgeht. Es gibt eine Berufung, die mehr ist als eine Begabung für die Gemeindeleitung, und auch mehr als nur der Wunsch, zu predigen oder Seelsorge zu üben. J. Oswald Sanders schrieb mit Recht: „Der geistliche Charakter der Gemeinde erfordert eine Leitung, die über das Menschliche hinausgeht. Wenn die Gemeinde ihrer Verantwortung für die kommende Generation nachkommen will, braucht sie vor allem eine Leitung, die Autorität besitzt und die geistlich und opferbereit ist."[2] Spurgeon, Graham und Hunderte anderer Prediger sagen, dass sie nur deshalb Geistliche geworden seien, weil Gott sie dafür auserwählt habe. Anscheinend hatte Timotheus keine direkte Berufung von Gott erhalten. Und doch kann ich mir nicht vorstellen, dass Paulus ihm gesagt hätte, es sei Gott egal, ob er seinen Dienst ausübe oder nicht. Im Gegenteil, Paulus drängte ihn dazu, seinen Auftrag zu erfüllen. Und als Timotheus anfing, an seiner Berufung zu zweifeln, schrieb Paulus eindringlich: „Aus diesem Grund erinnere ich dich daran, dass du erweckest die Gabe Gottes, die in dir ist durch die Auflegung meiner Hände" (2. Timotheus 1,6).

Ich weiß nicht, wie jemand im hauptamtlichen Dienst überleben kann, wenn er das Gefühl hat, dass es nur seine eigene Entscheidung gewesen ist. Manche Pfarrer haben kaum zwei gute Tage hintereinander. Sie werden von dem Wissen getragen, dass Gott sie an ihren Platz gestellt hat. Pfarrern, die eine solche Überzeugung nicht haben, fehlt es oft an Mut, sie tragen ihren Kündigungsbrief sozusagen in der Tasche. Sobald eine kleine Schwierigkeit auftaucht, sind sie verschwunden.

> Wenn wir nicht mehr darüber staunen können, dass wir einen Auftrag erhalten haben, werden wir wie gewöhnliche Händler auf einem gewöhnlichen Markt über gewöhnliche Waren plappern.

Es beunruhigt mich, dass Menschen predigen und lehren, ohne sich berufen zu sehen. Diejenigen, die den Dienst als eine Möglichkeit unter vielen betrachten, neigen zu einer horizontalen Sichtweise. Ihnen fehlt die Dringlichkeit des Paulus, der von sich sagte: „Denn ich muss es tun" (1. Korinther 9,16). „Wenn wir nicht mehr darüber staunen können, dass wir einen Auftrag erhalten haben, werden wir wie gewöhnliche Händler auf einem gewöhnlichen Markt über gewöhnliche Waren plappern."[3]

Da Gott zu Zeiten der Bibel zahlreiche Menschen zu einen konkreten Dienst berief, liegt es doch nahe, dass er es auch heute tut. Wenn er Menschen heute nicht mit hörbarer Stimme ruft, haben wir in der Bibel eine geeignete Grundlage, auf der wir die innere Führung durch den Heiligen Geist prüfen können.

Kennzeichen einer Berufung

Lassen Sie mich eine eigene Definition von Berufung wagen: Eine Berufung von Gott ist eine innere Überzeugung, die vom Heiligen Geist gegeben und durch das Wort Gottes und die Gemeinde Christi bestätigt wurde. Beachten Sie die drei Teile der Definition.

Erstens ist die Berufung eine innere Überzeugung. Gefühle und Neigungen kommen und gehen. Sie beruhen möglicherweise auf den Träumen unserer Kindheit, als wir es uns romantisch vorstellten, Missionar oder Pfarrer zu werden.

Ein von Gott gegebener Drang lässt sich nicht durch Hindernisse aufhalten. Er gibt uns die Zielstrebigkeit, die wir für einen effektiven Dienst brauchen. Manche von uns hatten diese Überzeugung von Jugend auf, andere erlebten, wie dieser Drang in ihnen wuchs, während sie die Bibel lasen, und wiederum andere erfuhren Gottes Führung vielleicht weniger konkret, waren sich ihrer jedoch trotzdem gewiss. Allen gemeinsam war der starke Wunsch zu predigen, einem Missionsteam beizutreten oder andere auf ihrem Weg mit Gott zu begleiten.

Natürlich müssen wir nicht alle auf die gleiche Weise berufen werden. Die Umstände und Temperamente sind verschieden. Ich erwähnte bereits, dass diese Art von Überzeugung für manche Menschen plötzlich kommt. Bei anderen kann es eine Entwicklung sein. Jemand fühlt sich möglicherweise überhaupt nicht berufen, bis er von weisen Menschen seiner Gemeinde in seinem Weg ermutigt wird. Trotz der unterschiedlichen Art der Berufung entsteht immer ein Auftragsbewusstsein. Ja, „wehe mir, wenn ich das Evangelium nicht predigte!" (1. Korinther 9,16)

Zweitens müssen wir im Wort Gottes Bestätigung für die Berufung zum Pastor finden. Wir müssen fragen, ob jemand die Voraussetzungen aus 1. Timotheus 3 hat. Ist er in seiner Persönlichkeit gereift? Besitzt er die nötigen Gaben? Lebt er im Wort Gottes? Hat er theologisch Klarheit? Oder hat er sich vielleicht schon dadurch disqualifiziert, dass er Gottes Gebote selbst nicht kompromisslos lebt? Eine geistliche Lebenshaltung ist nicht allein entscheidend, aber eine unverzichtbare Grundlage.

Zweifellos sind Fehler gemacht worden, wenn man über die Voraussetzungen, die in der Schrift genannt werden, hinweggesehen hat, um eine Berufung anzuerkennen. Wenn jemand sagt, dass er berufen ist, ist das für manche Menschen genug, um ihn in den Dienst zu schicken. Doch die Kirche sollte die Ordination derer, die man für berufen hält, nicht überstürzen. Auch wenn manche Menschen diesen inneren Drang verspüren mögen, könnten sie sich schon selbst disqualifiziert haben oder sich in ihrer eigenen Wahrnehmung täuschen.

Auf der anderen Seite haben sich Gemeinden auch schon geirrt, weil sie sich weigerten, jemanden zu ordinieren, den sie nicht für fähig für den Dienst hielten. Vielleicht waren die erwarteten Gaben nicht vorhanden, vielleicht schien der Kandidat nicht die Entschlossenheit zu haben, die man für den Dienst braucht. Und doch hätte er sich mit der Zeit als treuer Hirte erwiesen. Auch wenn wir die besten Absichten haben, kann es sein, dass wir versagen. Doch, wie schon erwähnt, die innere Haltung eines Menschen sollte immer im Zentrum jeder Einschätzung einer Berufung stehen.

Sicher beziehen sich die Qualifikationen eines Pastors in 1. Timotheus 3 eher auf die gegenwärtige Haltung des Menschen als auf seine frühere. Doch oft ist seine Vergangenheit, vor allem nach seiner Bekehrung, auch relevant. Wenn seine Haltung der Prüfung an der Heiligen Schrift nicht standhält, sollte er nicht in den Dienst ausgesendet werden. Vielleicht kann seine Berufung zu einem späteren Zeitpunkt anders umgesetzt werden.

Drittens hilft uns die Gemeinde als Leib Christi zu verstehen, wo unser Platz im Rahmen der örtlichen Gemeindearbeit ist. Die Leiter

Braucht ein Pastor eine Berufung?

der Gemeinde in Antiochia dienten dem Herrn und fasteten, als der Heilige Geist ihnen sagte: „Sondert mir aus Barnabas und Saulus zu dem Werk, zu dem ich sie berufen habe" (Apostelgeschichte 13,2). Der Leib ermöglicht seinen Gliedern, ihre geistlichen Gaben zu finden, und ist ein Versuchsfeld für den weiteren Dienst. Die im Kleinsten treu sind, können später mit größerer Verantwortung betraut werden.

Meine eigene Berufung in den Dienst wurde dadurch bestätigt, dass mich mein Pastor während meiner Bibelschulzeit bat, ab und an zu predigen. Die Bestätigung, die ich dabei bekam, war im Einklang mit dem, was ich im Innersten für die Führung des Heiligen Geistes hielt. Ich fühlte mich schon als Kind „berufen" zu predigen, doch wenn die Gemeinde meine Überzeugung nicht bestätigt hätte, hätte ich den Weg in den Pastorendienst nicht einschlagen können.

Oft fühlt sich jemand in den Dienst gerufen, aber nicht in eine bestimmte Organisation oder Kirche. Wieder gebraucht Gott die Gemeinde oder die Missionsgesellschaft, um Klarheit für den nächsten Schritt zu geben. Oft bemerken wir Gottes Führung nicht, können aber im Rückblick seine lenkende Hand in unserem Leben sehen. Ja, manche Menschen, die sich anfänglich ihrer Berufung nicht sicher waren, haben in ihrem Dienst für Gott später viel bewirken können.

Obwohl die Details in jedem Fall anders liegen, muss das Resultat dasselbe sein: Man muss sich von Gott gerufen fühlen, sich beauftragt wissen, damit man ganz gewiss ist, dass man nach Gottes Willen handelt.

Unsere Antwort auf die Berufung

Mit Staunen und Demut können wir auf Gottes Berufung antworten. Sie gibt uns eine neue Autorität und einen neuen Mut. Und wir sollten die Arbeit mit der Bibel und das Gebet für uns selbst außerordentlich wichtig nehmen. Spurgeon hielt manche Männer davon ab, in den Dienst zu gehen. Er sagte ihnen unumwunden, dass sie einen anderen Dienst wählen sollten, wenn sie könnten. Er wollte nur solche Menschen im Dienst, die völlig überzeugt davon waren, dass keine Alternative für sie in Frage kam. Luther warnte, dass selbst Menschen, die weiser seien als Salomo und David, ohne eine Berufung nicht in den Dienst gehen sollten. Wenn Gott uns brauche, werde er wissen, wie er uns rufen müsse.

Aber was ist mit denen, die wieder ausgestiegen sind? Sollen sie das Gefühl haben, dass sie ihrer Berufung nicht gerecht geworden sind? Natürlich kann es sein, dass manche von ihnen versagt haben. Aber das heißt nicht, dass Gott sie nicht berufen kann, denn auch wenn wir versagt haben, arbeitet er weiter an uns. Auch Pastoren, die schuldig geworden sind, können als Brüder wieder in ihren Dienst aufgenommen werden, wenn sie bereit sind umzukehren. Andere haben den Dienst vielleicht nur als eine Möglichkeit unter vielen gesehen und deshalb nicht die Leidenschaft für eine ganze Hingabe an Gott und ihren Dienst.

Es mag noch andere Erklärungen geben. Vielleicht waren diese Geistlichen wohl berufen, aber der Leib Christi wurde an ihnen schuldig. Manche jungen Männer sind durch kritische Gemeinden zugrunde gerichtet worden.

> Wenn Gott uns zum Predigen beruft, sollten wir uns nicht damit zufrieden geben, König zu werden.

Andere haben vielleicht gar nicht versagt, doch es wurde ein weltlicher Erfolgsmaßstab angelegt, der sie als Versager erscheinen ließ. Jesaja hatte eine wunderbare Berufung, doch aus menschlicher Perspektive versagte er in seinem Dienst. Gott hatte ihm ja vorausgesagt, dass so gut wie niemand auf das hören würde, was er zu sagen hatte. Manche Pastoren sind vielleicht wie Johannes Markus: Sie geben entmutigt auf, sind aber zu einem späteren Zeitpunkt in ihrem Dienst erfolgreich.

Wir kennen nicht im Voraus alle Probleme, die auftreten können, sollten uns aber die von Gott gegebene Gewissheit der Berufung nicht rauben lassen, die uns Mut und Autorität verleiht. Wie ein altes Sprichwort sagt: „Wenn Gott uns zum Predigen beruft, sollten wir uns nicht damit zufrieden geben, König zu werden."

2
Die Erwartungen unserer Gemeinde

„Wenn du den Ruf hast, Frühaufsteher zu sein, kannst du bis mittags schlafen." Ich weiß nicht, wann ich diese kleine Weisheit das erste Mal hörte. Sie erinnert mich daran, dass sich das Bild einer Gemeinde von ihrem Pastor positiv oder negativ auf seine Arbeit auswirken kann. Wenn er als unaufrichtig, unfähig oder indiskret gilt, werden seine Worte und Taten durch diese negative Brille gesehen. Wenn er für fromm und kompetent gehalten wird, wird man auch seine Fehler wohlwollend betrachten.

Oft ist diese Situation von Nachteil für den Pastor. Verliert er das Wohlwollen der Gemeinde oder des Gemeinderates, könnte es das baldige Ende seines Dienstes in dieser Gemeinde bedeuten. Ist er jedoch allzu bemüht, bei jedem einen guten Eindruck zu hinterlassen, könnte das geistlich gesehen sein Verderben sein. Es geht darum, die richtige Perspektive zu finden.

Der Druck der Öffentlichkeit

Pfarrer werden jederzeit öffentlich bewertet. Wenn Sie neun gute Predigten halten und die zehnte ein Ausrutscher ist, werden sich viele Leute später nur an den Ausrutscher erinnern. Wenn Sie am Diakon vorbeigehen, ohne ihn zu grüßen, könnten Sie es sich mit ihm verscherzen. Und wenn ein verärgertes Gemeindemitglied anfängt, hinter dem Rücken über Sie zu reden, kann dies das ganze Vertrauen zu Ihnen beschädigen.

Wir sind auch deshalb unter Druck, weil wenige Gemeindeglieder die Anforderungen unseres Zeitplans kennen. Ein Pfarrer bat einmal seine Diakone, ihm ihre Sicht davon mitzuteilen, wie er seine Woche verbringe. Während er siebzig Stunden in der Woche arbeitete, kamen sie beim Zusammenzählen seiner Verpflichtungen nur auf eine Vierzig-Stunden-Woche. Wir haben alle schon einmal über den Scherz gelacht, in dem ein Kind zum Pfarrerskind sagt: „Mein Vater ist nicht wie deiner – mein Vater arbeitet." Auch wenn wir darüber lachen, tut dieser Scherz weh.

Wenn Sie einmal einen bestimmten Ruf haben, wird er wohl oder übel an Ihnen haften bleiben. Ich las von einem Pastor, der gerade bei einem Baseballspiel war, als ihn ein Gemeindeglied brauchte. Der zornige Kirchgänger verbreitete das Gerücht, dass der Pastor seine ganze Zeit im Stadion verbringe. Der Pastor ruinierte daraufhin beinahe seine Gesundheit und seine Familie, weil er durch noch mehr Arbeit den falschen Eindruck zu widerlegen versuchte, aber das Vorurteil blieb haften.

Solche Vorstellungen, mögen sie wahr oder falsch sein, können eine beängstigende Macht über uns haben. Wenn wir unsicher sind und uns ständig fragen, ob wir gut ankommen, werden wir bald Sklaven unseres Beliebtheitsgrades sein. Bei allem, was wir tun, werden wir auf unsere Popularitätsquote schielen.

An diesem Punkt verlieren wir die Autorität für unseren Dienst. „Menschenfurcht bringt zu Fall" (Sprüche 29,25). Wir möchten in Streitgesprächen neutral bleiben, ernsthaft bemüht, jedermanns Meinung zu sein. Wir werden jeden unpopulären Standpunkt scheuen, auch wenn es der richtige ist. Viele Pastoren werden durch Konfrontation eingeschüchtert.

Ich will damit nicht sagen, dass wir unsensibel sein sollten. Wir haben alle schon Pastoren getroffen, die sich brüsten, „sich nicht darum zu kümmern, was alle denken", und die Gefühle anderer rücksichtslos missachten. Ich rede von einem Mangel an Mut, auch dort, wo die Bibel eindeutig ist.

Es fällt uns dann auch schwer, uns über den Erfolg anderer Pastoren zu freuen. Kongresse haben ein Bild von der „Supergemeinde" in die Köpfe unserer Gemeindeglieder gebracht. Der Vergleich ist unvermeidlich. Begeisterte Zustimmung wird von uns erwartet, wenn uns jemand erzählt, welch großer Segen dieser „Prediger Soundso" für eines unserer Gemeindeglieder war. Wir möchten uns mitfreuen, aber diese Freude fällt nicht leicht. Es kann sogar sein, dass wir uns heimlich über den Fehler eines anderen freuen. Ein Pastor im Hilfsdienst, der offensichtlich eine Bedrohung für seinen vorgesetzten Pfarrer war, erzählte mir: „Nichts würde ihn mehr freuen, als wenn ich alles vermasseln würde."

Wenn wir übersensibel sind für das, was andere denken, leben wir immer mit Schuldgefühlen – dem nagenden Gefühl, dass wir mehr tun könnten. Weil unsere Arbeit per definitionem nie beendet ist, bringen wir sie mit in die Wohnung. Meine Frau könnte Ihnen erzählen, dass ich immer wieder gedanklich nicht da bin, auch wenn ich körperlich am Tisch sitze. Die Herausforderungen des vergangenen und des kommenden Tages halten mich gefangen.

In diesem Prozess wird unser Glaube untergraben. Jesus fragte die Pharisäer: „Wie könnt ihr glauben, die ihr Ehre voneinander annehmt, und die Ehre, die von dem alleinigen Gott ist, sucht ihr nicht?" (Johannes 5,44) Das Verlangen nach menschlichem Lob und Glauben schließen sich beim Dienen aus – wenn man Lob erstrebt, nimmt der Glaube ab.

In der Auseinandersetzung mit den Pharisäern, die nicht gerade begeistert von Jesu Dienst waren, sagte Jesus: „Der mich gesandt hat, ist mit mir. Er lässt mich nicht allein; denn ich tue allezeit, was ihm gefällt" (Johannes 8,29). Wie können wir so frei, so zielbewusst werden?

Freiheit zum Dienen

Unser Herr war nicht an die Meinungen gebunden, die die Leute von ihm hatten. Obwohl es ihm wichtig war, was sie dachten – er wusste ja, dass ihr ewiges Schicksal davon abhing, ob sie an ihn glaubten –, zielte sein Handeln niemals darauf, ihr Lob zu gewinnen. Der Wille seines Vaters allein zählte. Und wenn der Vater zufrieden war, war der Sohn zufrieden. Deshalb wusch er genau so gerne die Füße seiner Jünger, wie er die Bergpredigt hielt.

Ich habe Pastoren gekannt, die so waren – in der Hingabe an Gott sicher und frei vom Schielen nach menschlicher Anerkennung. Sie hatten kein Bedürfnis, sich selbst zu beweisen oder im Rampenlicht zu stehen. Sie betrachteten den Erfolg anderer nicht voller Missgunst.

Was kann uns helfen, aus solch freier Hingabe zu leben?

> Wenn wir sowohl unsere Stärken als auch unsere Schwächen realistisch einschätzen, werden wir die Illusion begraben, dass wir jedes menschliche Bedürfnis erfüllen können.

Als Erstes dürfen wir anderen Leuten nicht erlauben, uns in eine Schublade zu stecken. Wir leben alle in der Spannung zwischen dem, was wir sind, und dem, wie andere uns haben wollen. Wir würden die übersteigerten Erwartungen, die manche Menschen von uns haben, gern erfüllen, können es aber nicht. Wenn wir sowohl unsere Stärken als auch unsere Schwächen realistisch einschätzen, werden wir die Illusion begraben, dass wir jedes menschliche Bedürfnis erfüllen können.

Christus musste auch mit dieser Spannung umgehen. Nachdem er die große Menge gespeist hatte, versuchten die Menschen, ihn zum König zu machen. Doch er ging alleine fort, weigerte sich, das Angebot in Erwägung zu ziehen, obwohl er wusste, dass das seine Anhänger enttäuschen würde. Seine Wunder lösten Erwartungen aus, die er nicht erfüllen wollte. Wenn wir sowohl unsere Stärken als auch unsere Schwächen realistisch einschätzen, werden wir die Illusion begraben, dass wir jedes menschliche Bedürfnis erfüllen können.

Und doch konnte er vor seinem Tod sagen, dass er das Werk des Vaters erfüllt hatte, obwohl noch Hunderte Menschen krank waren und Tausende nicht an ihn glaubten. Doch diese nicht erfüllten Bedürfnisse hinderten ihn nicht daran, allein dem Vater gefallen zu wollen. Je mehr die Menschen durch unseren Dienst gesegnet sind, desto höher werden ihre Erwartungen an uns sein. Wenn wir es zulassen, werden sie uns dahin bringen zu glauben, dass wir die Einzigen sind, die Menschen zu Christus führen, in seelischen Nöten beraten oder Krankenbesuche machen könnten. Wir tun gut daran, John Bunyans Worte zu beherzigen: „Wer sich unter die anderen stellt, braucht keine Angst davor zu haben, zu fallen."

> Ein wesentliches Merkmal eines Menschen, der seinen Willen Gott untergeordnet hat, ist, dass er auf freundliche Art nein sagen kann.

Denn wenn wir glauben, dass wir Gottes Antwort auf jegliches Bedürfnis sind, werden wir auch jede Einladung zum Mittagessen annehmen, an allen Mitarbeitertreffen teilnehmen und niemals ablehnen, woanders zu predigen – das alles auf Kosten unserer Familien, unserer Gesundheit und unserer Beziehung zu Gott.

Wir sollten es nicht zulassen, dass uns unsere Erfolge in eine Rolle drängen, die unsere Kräfte und Fähigkeiten übersteigt. Unser Selbstbild muss immer an der Realität geprüft werden. Ein wesentliches Merkmal eines Menschen, der seinen Willen Gott untergeordnet hat, ist, dass er auf freundliche Art nein sagen kann.

Zweitens profitieren wir von Kritik. Keiner mag es, kritisiert zu werden, vor allem, wenn es unfaire Kritik ist. Außerdem bekommen wir gewöhnlich nicht die Chance, unsere Sicht der Dinge darzulegen, ohne ein weiteres Missverständnis zu riskieren. Doch auch wenn die Kritik berechtigt ist, hält uns manchmal unser Stolz davon ab, aus ihr zu lernen. Wenn wir von uns mehr halten, als wir sollten, meinen wir bestimmt, dass wir über jeder Kritik stehen.

Paulus wurde auch kritisiert. Ja, er wurde angefeindet, weil er zu den Nichtjuden gegangen war, und landete im Gefängnis, weil er sich weigerte, den weltumspannenden Anspruch des Evangeliums einzuschränken. Manchmal fiel die Kritik persönlich und unfair aus: „Denn seine Briefe, sagen sie, wiegen schwer und sind stark; aber wenn er selbst anwesend ist, ist er schwach und seine Rede kläglich" (2. Korinther 10,10). Doch er ließ sich nicht abschrecken. Er wusste, dass Gott ihn rechtfertigen würde.

Jeder Leiter hat seine Kritiker. Wenn wir besonders sensibel sind, wenn wir Meinungsverschiedenheiten nicht aushalten können und wenn wir uns weigern, aus Kritik zu lernen, klammern wir uns noch an unser Ansehen.

Viele Lügen wurden über George Whitefield, den Anhänger der englischen Erweckungsbewegung, erzählt, um die Menschen davon abzuhalten, ihm zuzuhören. Er antwortete darauf, dass er warten könne, bis Gott sein letztes Gericht halten würde. Solch ein Mann des Glaubens kann nicht durch Angriffe von seinem Weg abgebracht werden.

Drittens sollten wir keine Angst haben, unsere Menschlichkeit zu zeigen. Unsere Gemeindeglieder glauben, dass wir anders sind – frei von den emotionalen und geistlichen Kämpfen anderer. Wenn wir nicht von einem Sieg zum anderen gehen, können sie sich doch nicht mehr an uns anlehnen! Denn Helden sind Mangelware, und ein Pastor, der ein Segen für die Gemeinde ist, gilt als guter Kandidat für die Heldenrolle.

Wenn wir nicht über unsere Fehler sprechen, sondern nur über unsere Erfolge, verstärken wir diese verzerrte Sichtweise. Mit der Zeit wird die Realität einem Mythos weichen. Ein Pfarrer gab erschöpft zu: „Meine Gemeinde erwartet von mir, perfekt zu sein." Ich schlug ihm vor, seinen Ruf in der Gemeinde bewusst zu „entmythologisieren", indem er wenigstens ein paar seiner Fehler durchblicken ließ.

> Wir sollten keine Angst haben, unsere Menschlichkeit zu zeigen.

Ein Mangel an Authentizität wird zu einer Last, die wir bald nicht mehr tragen können. Während wir mit ihrem Gewicht kämpfen, interpretieren wir unsere perfekte Außenseite als geistlichen Erfolg und sind deshalb blind für unsere Schwächen oder versuchen um jeden Preis, die Erwartungen anderer zu erfüllen. Wir neigen auch dazu, uns zurückzuziehen, aus Angst, dass die Leute uns so kennen lernen, wie wir wirklich sind.

Doch welcher Pfarrer hat nicht schon etwas getan, weswegen er sich schämt? Wenn unsere Gemeinden tief in unsere Seele blicken könnten, würden wir alle vor Scham unseren Dienst beenden. Wir können unseren Gemeindegliedern jedoch besser helfen, wenn wir sie wissen lassen, dass wir mit ihnen gemeinsam auf der Suche nach Wahrhaftigkeit und Authentizität sind, dass wir nicht über ihnen stehen und nicht in einer Position sind, in der uns die Angriffe des Satans und die Leidenschaften des Fleisches nicht berühren könnten. Ehrlichkeit verbindet viel mehr als Perfektionismus.

Ein Gemeindeglied schrieb seinem Pastor einen Brief und fragte: „Sind Sie so menschlich wie wir? Haben Sie schon mit denselben Problemen gekämpft, mit denen wir jede Woche konfrontiert sind? Gibt es bei Ihnen zu Hause Unstimmigkeiten, Kummer, Leid? Möchten Sie das nicht auch mit uns teilen, so wie Sie Ihre Theologie, Ihre Auslegungen mit uns teilen?"

Schließlich sollten wir uns nicht durch den Erfolg eines anderen bedroht fühlen. Als der Heilige Geist während Moses Führung auf die siebzig Ältesten kam, fuhren zwei Männer fort, zu prophezeien. Josua, der um Moses' Ansehen als Prophet besorgt war, schlug Mose vor, sie davon abzuhalten. Aber Mose erwiderte: „Eiferst du um meinetwillen? Wollte Gott, dass alle im Volk des Herrn Propheten wären und der Herr seinen Geist über sie kommen ließe!" (4. Mose 11,29)

Das war ein Mann, der sich über den Erfolg anderer freuen konnte. Er wollte seine Begabung nicht für sich behalten und musste seine Berufung auch nicht verteidigen. Vielen Pastoren macht der Erfolg eines anderen zu schaffen, vor allem wenn derjenige ein unmittelbarer Kollege ist. Die Tatsache, dass Gott manchmal die gebraucht, die weniger begabt, vielleicht sogar weniger authentisch sind, als wir es gerne hätten, ruft die Sünde des Neides hervor.

Aber derjenige, der sich selbst gestorben ist, wie Paulus es ausdrückt, wird sich demütig verbeugen und der Versuchung des Neides einfach deshalb widerstehen, weil Gott großzügig ist. Im Gleichnis von den Arbeitern im Weinberg sagt der Besitzer des Weinbergs zu denen, die länger gearbeitet und sich über den gleichen Lohn beschwert haben: „Habe ich nicht die Macht zu tun, was ich will, mit dem, was mein ist? Siehst du scheel drein, weil ich so gütig bin?" (Matthäus 20,15)

Es ist Gottes Recht, manche Menschen mehr zu segnen, als wir es für richtig halten. Wenn wir solche Gnade nicht hätten, wären wir alle verloren. Die Freunde von Johannes dem Täufer waren besorgt, weil ihn einige seiner Jünger verließen, um Jesus Christus zu folgen. Johannes erwiderte: „Ein Mensch kann nichts nehmen, wenn es ihm nicht vom Himmel gegeben ist" (Johannes 3,27). Wenn wir solche Worte glauben würden, wären wir frei von allem Vergleichen, Wetteifern und Gehemmtsein in unserem Dienst. Wir würden mit einem frohen Herzen dienen und unseren Platz annehmen.

Johannes fügte hinzu: „Er muss wachsen, ich aber muss abnehmen" (V. 30). Auch wenn unsere Arbeit an Erfolg abnehmen sollte, können wir das besser akzeptieren, wenn wir uns Christi Willen fügen und ihn dadurch ehren. Da unsere Arbeit von Gott geschenkt ist, können wir uns weder ihrer rühmen noch darauf bestehen, dass sie fortgesetzt wird. Wenn wir gefallsüchtig geworden sind, lasst uns umkehren. Denn wir predigen uns insgeheim selbst und nicht Christus. Wenn Sie den Ruf haben, Frühaufsteher zu sein, können Sie bis mittags schlafen. Aber Gott weiß, wann Sie aus dem Bett kommen, und seine Wahrnehmung ist allein, was wirklich zählt.

3
Konflikte innerhalb der Gemeinde bewältigen

Möglicherweise ist der heikelste Punkt in der Gemeindestruktur die Beziehung zwischen dem Pastor und dem Gemeinderat.[4] Die Dinge liegen im Einzelnen verschieden, aber im Großen und Ganzen läuft es immer auf eines hinaus: Der Pastor will die Gemeinde in eine bestimmte Richtung führen, aber der Gemeinderat strebt ein anderes Ziel an. Der Pastor glaubt, dass er nach Gottes Willen handelt, deshalb sollte der Gemeinderat ihm besser folgen. Aber der Gemeinderat ist nicht überzeugt. Er bleibt stur und richtet sich auf einen längeren Machtkampf ein.

Anlass für eine Auseinandersetzung kann wirklich alles sein, angefangen bei einem Bauprojekt bis hin zum Ablauf des Sonntagsgottesdienstes. Pastoren und Gemeinderäte haben sich schon darüber entzweit, ob Wein zum Abendmahl gereicht werden sollte, ob geschiedene Menschen Kindergottesdienst halten dürfen oder der Teppich blau oder rot sein sollte.

Der Gegenstand ist oft nicht so wichtig. Es geht darum, wer gewinnt. Macht steht auf dem Spiel und man will herausfinden, wer das Sagen hat. Die Sache ist irgendwann ausdiskutiert, aber oft auf Kosten des Vertrauens zwischen Pastor und Gemeinderat.

Wir Pastoren sind für Meinungsverschiedenheiten manchmal selbst verantwortlich. Manche Pastoren sehen es als ein Zeichen von Schwäche, sich dem Gemeinderat zu fügen, als ob sie damit einem gottgegebenen Amt nicht gerecht würden. Manche von uns denken, dass unsere Berufung durch Gott eine Garantie dafür ist, dass wir Gottes Willen für unsere Gemeinden kennen. Darüber hinaus sind wir vielleicht der Ansicht, dass Gott nur jene Pastoren segnet, die ihre Meinung durchsetzen – egal welcher Preis dafür bezahlt werden muss. Wir haben den starken Drang, uns selbst zu verteidigen. Wenn unser Ego nicht durch das Kreuz in seine Schranken verwiesen wird, werden wir vielleicht in Versuchung geraten, die Heilige Schrift zu missbrauchen, indem wir unsere Kritiker warnen, dass sie die Berufenen Gottes besser nicht anrühren sollten.

Je autoritärer der Pastor ist, desto wichtiger wird es für ihn sein, bei jeder Angelegenheit zu gewinnen. Er wird sogar unwichtigere Dinge als Kraftprobe für seine Leitung betrachten und deshalb jedes Mal seine Meinung durchsetzen müssen. Und wenn der Gemeinderat seinen Wünschen nicht nachkommt, wird er anfangen, Druck auszuüben, den Gemeinderat zu übergehen und an die Gemeinde zu appellieren, oder andere Mitarbeiter unter Druck setzen. Oder er wird einen nicht autorisierten Brief an die Gemeinde schreiben, in dem er seine Ansicht verteidigt, um „im Interesse der Wahrheit für Klarheit zu sorgen". Leider sind heute nur wenige Pastoren bereit, bestimmte Konflikte dem Urteil Christi zu überlassen. Ein solcher Pastor merkt vielleicht gar nicht, dass er, wenn er im Machtkampf gewinnt, gleichzeitig an Glaubwürdigkeit und Respekt verliert.

Petrus hatte ein anderes Verständnis von der Rolle eines Gemeindehirten: „Weidet die Herde Gottes, die euch anbefohlen ist; achtet auf sie, nicht gezwungen, sondern freiwillig, wie es Gott gefällt; nicht um schändlichen Gewinns willen, sondern von Herzensgrund; nicht als Herren über die Gemeinde, sondern als Vorbilder der Herde" (1. Petrus 5,2-3).

Jesus Christus lehrt uns, die wichtigste Eigenschaft eines Leiters sei es, dass er sich als Diener versteht, nicht als Diktator. Wo es Nichtgläubigen um Überlegenheit und Kontrolle geht, sollten Gläubige nach Demut und Unterordnung streben. Auch die frühen Gemeinden kannten schon dieses Problem: So bezieht sich einer der Johannesbriefe auf den eindeutigen Fall einer Ein-Mann-Herrschaft, die des Diotrephes, der es liebte, in allem das Sagen zu haben (3. Johannes 9).

Ich will damit jedoch nicht sagen, dass der Gemeinderat immer unschuldig ist. Ich habe viele Horrorgeschichten über Gemeinderäte gehört, die ihren Pastor unnötigerweise dazu brachten, die Gemeinde zu verlassen. Daher möchte ich einige grundlegende Leitlinien vorschlagen, die uns dabei helfen, Meinungsverschiedenheiten beizulegen, die wir nun einmal nicht vermeiden können.

Das Prinzip der Verantwortlichkeit

Jedes Mitglied des Gemeinderates (eingeschlossen der Pastor) muss sich dem Beschluss des Gemeinderates beugen. Nach einer ausführlichen Untersuchung der neutestamentlichen Textstellen zu diesem Thema kommt Bruce Stabbert zu dem Schluss: „Unter all diesen Textpassagen gibt es nicht eine, die eine Gemeinde beschreibt, die nur von einem Pastor geleitet wird."[5]

Natürlich sind es in den Freikirchen die Gemeindeleiter, die gewöhnlich die Verantwortung der Ältesten nach dem Neuen Testament übernehmen. Aber das Prinzip der Pluralität von Leitung gilt immer noch, egal wie Gemeinden organisiert sind. Der Pastor besitzt deshalb nicht die Autorität, unabhängig von seinem Gemeinderat zu handeln. Er kann dessen Votum nicht durch den Hinweis auf seine geistliche Berufung übergehen, denn schließlich haben alle Ältesten die gleiche Autorität. Auch sie haben eine geistliche Berufung, wenn auch für eine andere Funktion und einen anderen Verantwortungsbereich.

Der Pastor sollte auch nicht damit drohen, die Gemeinde zu verlassen, es sei denn, die Auseinandersetzung legt dies nahe. Nicht selten hat ein Gemeinderat seinen Pastor beim Wort genommen und ihn gezwungen, entweder seine Worte zurückzunehmen oder seine Drohung wahr zu machen.

Doch was ist, wenn der Gemeinderat eindeutig Unrecht hat? Wenn es um eine ewige Wahrheit geht, wie etwa ein wichtiges

Konflikte innerhalb der Gemeinde bewältigen

Thema in der Verkündigung oder Ethik, muss der Pastor die Partei, die sich gegen die Aussagen der Bibel stellt, vor den Konsequenzen warnen. Es gibt Situationen, wo eine Trennung notwendig sein kann. Wie der Apostel Paulus lehrte: „Denn es müssen ja Spaltungen unter euch sein, damit die Rechtschaffenen unter euch offenbar werden" (1. Korinther 11,19).

> Gesegnet ist der Pastor, der ein Unrecht stehen lassen kann, ohne Vergeltung zu üben.

Selten habe ich jedoch von einer Trennung wegen dogmatischer oder ethischer Differenzen gehört. Gewöhnlich geht es um ein Bauvorhaben, den Leitungsstil des Pastors oder nicht funktionierende Gemeindearbeit.

Wenn es Schwierigkeiten gibt, fühlt sich der Pastor oft übergangen, ungeliebt und missverstanden. Der innere Wunsch, sich selbst zu rechtfertigen, den wir alle haben, gewinnt die Oberhand und der Pastor beschließt, dass er nicht gehen wird, bevor nicht Gerechtigkeit hergestellt ist.

Paulus ermahnt uns jedoch, uns nicht selbst zu rächen, sondern es Gott zu überlassen, unsere Rechnungen zu begleichen. Gesegnet ist der Pastor, der auf diesem Hintergrund ein Unrecht stehen lassen kann, ohne Vergeltung zu üben. Etwas klarzustellen ist eine Sache, aber sich ständig rechtfertigen zu müssen, steht auf einem anderen Blatt.

So viel er aber auch versuchen mag, den Gemeinderat von seinem Standpunkt zu überzeugen, muss er sich letztendlich doch dessen Autorität beugen – wenn keine klare biblische Aussage auf dem Spiel steht. Es ist besser zu gehen, als nur deshalb zu bleiben, um Recht zu behalten oder für „Gerechtigkeit" zu sorgen.

Leitung durch den Gemeinderat

Der Pfarrer muss seine Vision für die Gemeinde mit denen teilen, denen er Rechenschaft schuldig ist. Dabei lohnt es sich, Zeit und Geduld zu investieren, damit der Gemeinderat einstimmige Beschlüsse zugunsten der Gemeinde trifft.

Doch diese Art von Einheit entsteht nur durch Gebet und harte Arbeit. Wenn der vorige Pfarrer einen schlechten Ruf hatte, wird der Gemeinderat Zeit brauchen, um sein Vertrauen in die Integrität des neuen Pfarrers zu setzen. Es wird eine Art Probezeit geben, bis gegenseitiges Vertrauen entstanden ist.

Wenn eine Gruppenentscheidung getroffen wird, dann muss die Verantwortung dafür auch von allen getragen werden. Soll das heißen, dass der Pfarrer kein starker Leiter sein sollte? Ganz und gar nicht. Die meisten Gemeinderäte erwarten von ihrem Pfarrer, dass er die Initiative ergreift, um die Richtung für die Gemeindearbeit vorzugeben. In 1. Timotheus 5,17 schreibt Paulus: „Die Ältesten, die der Gemeinde gut vorstehen, die halte man zwiefacher Ehre wert, besonders, die sich mühen im Wort und in der Lehre."

Das Neue Testament sieht die starke Leitung eines Kreises der Ältesten vor. Wenn der Pfarrer dem Gemeinderat jedoch seinen Willen diktiert und dieser nicht am Entscheidungsfindungs-Prozess beteiligt wird, kann es passieren, dass sich seine Mitglieder schließlich gegen den Pfarrer auflehnen. Ein Gemeinderat kann natürlich zu einem Vorschlag verschiedene Meinungen haben. Aber Pfarrer und Gemeinderat müssen bereit sein, so lange zu beten und zu warten, bis sich ein Konsens herauskristallisiert.

> Diese Art von Einheit entsteht nur durch Gebet und harte Arbeit.

Ein Wort der Warnung: Manchmal steht ein Gemeinderat nicht hinter seinen Entscheidungen, nämlich wenn die Mitglieder nur deshalb mit Ja gestimmt haben, um dem Pfarrer zu gefallen oder um die Einheit zu wahren. Ich kenne einen Fall, wo der Gemeinderat einstimmig dafür stimmte, einem Angestellten zu kündigen. Doch einzelne Mitglieder änderten ihre Meinung, nachdem sie zu Hause mit ihren Frauen darüber gesprochen hatten. Es ist eine Kunst, zu erspüren, ob ein Gemeinderat sich einer Idee verpflichtet fühlt oder nur aus dem Augenblick entscheidet.

Die Verantwortung des Gemeinderates für seine Mitglieder

Der Gemeinderat muss seine Mitglieder davon abhalten, aufrührerisch zu werden. Das folgende Szenario ist hundertfach bekannt. Ein Mitglied des Gemeinderats, gewöhnlich der inoffizielle „Boss" der Gemeinde, ist wild auf Anerkennung und Macht. Er fängt an, dem Pastor zu widersprechen, und gibt vor, im Namen anderer zu reden. Die anderen Gemeinderäte sind eingeschüchtert. Schließlich – so sagen sie sich – ist er schon seit Jahren in der Gemeinde und seine Frau spielt im Gottesdienst Orgel. So sitzen sie dabei und hoffen, dass sich das Problem von alleine löst. Doch es wird nur noch schlimmer und der Streit weitet sich aus.

In einer Gemeinde ruinierte ein Ältester die Arbeit dreier Pastoren mit derselben Strategie. Er bemühte sich im ersten Jahr um die Freundschaft mit dem Pastor und wandte sich im zweiten Jahr gegen ihn. Wegen seines Einflusses konnte er genug Gegner gewinnen, um einen Showdown herbeizuführen. Der Gemeinderat war nicht in der Lage, mit dem Problem umzugehen, deshalb ließ er der Sache freien Lauf. Leider glaubt der Gemeinderat meistens, dass der Pastor entbehrlich ist. Pastoren kommen und gehen, doch die Ältesten bleiben in Ewigkeit. Der Gemeinderat muss stark genug sein, um seine eigenen Mitglieder zur Ordnung zu rufen. Wenn das nicht der Fall ist, entsteht eine Doppelmoral im Gemeinderat, und das Werk Gottes wird behindert.

Paulus gibt konkrete Anweisungen, wie man einen Ältesten in seine Schranken weisen sollte. Eine Klage sollte nur auf der Grundlage von zwei oder drei Zeugen angenommen werden, und wenn ein Ältester fortfährt zu sündigen, sollte er öffentlich zurechtgewiesen werden (1. Timotheus 5,19-20). Der Pastor muss die Unterstützung anderer Mitglieder des Gemeinderats gewinnen, wenn er einen anderen Ältesten zur Rechenschaft ruft.

Wenn der Satan einen Pastor nicht dazu bringen kann, selbst seinen Ruf zu ruinieren, wird er versuchen, einen Keil zwischen den Pastor und den Gemeinderat zu treiben. Ohne Einheit können wir weder die Welt noch den Teufel erobern. Wie Benjamin Franklin bei der Unterzeichnung der amerikanischen Unabhängigkeitserklärung sagte: „Entweder wir hängen alle gemeinsam, oder wir werden mit Sicherheit jeder alleine hängen."

Wir sollten uns doppelt bemühen, Paulus' Ermahnung nachzukommen, „Einigkeit im Geist durch das Band des Friedens" zu wahren (Epheser 4,3). Alles andere hätte zur Folge, dass der Leib Christi sich selbst Schaden zufügt.

4
Mit „schwierigen" Gemeindegliedern umgehen

Ein Freund von mir kam frisch von der Universität in eine kleine Dorfgemeinde. Eines Tages baten ihn die Ältesten, ein reiches Gemeindeglied zu besuchen, das nur gelegentlich in den Gottesdienst kam, jedoch regelmäßig für die Gemeinde spendete.

„Wir glauben nicht einmal, dass er Christ ist", sagten sie. Weil sie darauf bestanden, besuchte der Pfarrer also den alten Herrn und fragte ihn freiheraus, ob er Christ sei. Der Mann ärgerte sich fürchterlich darüber, dass der Pastor es wagte, ihm, einem „Selfmademan", den Glauben abzusprechen.

Einige Wochen später brannte das Kirchengebäude. Die Gemeinde versammelte sich in einem Schulraum, um zu beraten, was zu tun sei. Nachdem sie sich dafür entschieden hatten, die Kirche wieder aufzubauen, stand jener Mann auf, dessen Bekehrung angezweifelt worden war.

„Dieser junge Mann hatte die Nerven, in Frage zu stellen, ob ich Christ sei", verkündete er. „Was sollen wir nun deswegen unternehmen?" Mit wichtiger Miene setzte er sich wieder und wartete auf eine Antwort.

Stille.

„Ich schlage vor, dass wir ihm kündigen", sagte der Mann.

Es gab eine kurze Diskussion, aber nicht einer der Ältesten sprang für den Pastor ein, um ihn zu verteidigen und zu erklären, dass er in ihrem Auftrag gehandelt hatte. Später gab es eine Abstimmung und der junge Mann hatte zwei Wochen Zeit, um selbst zu kündigen.

Nach der Versammlung kam keiner auf ihn zu, um mit ihm zu reden, außer dem Hausmeister der Schule, der alles über die Lautsprecheranlage mitangehört hatte. Der Pastor verließ das Gebäude und rannte durch den strömenden Regen, ohne auf den Weg zu achten.

Das war vor fünfunddreißig Jahren. Seitdem war er nie wieder Gemeindepastor, denn er konnte diese eine niederschmetternde Erfahrung nicht aus seinem Gedächtnis verbannen. Nun dient er dem Herrn als Ehrenamtlicher.

Die Taktiken der Aufmüpfigen

Die meisten von uns haben wahrscheinlich eine solche Erfahrung noch nicht gemacht. Aber vielleicht kennen wir Gemeinderäte, die uns in Sitzungen unterstützten, uns aber sonntags hinter unserm Rücken schlecht machten. Wir haben alle schon mit Menschen arbeiten müssen, die negativ, kritisch oder schlichtweg unausstehlich waren. In einer bestimmten Gemeinde zückt ein Mann bei der Predigt regelmäßig seinen Notizblock. Nach jedem Gottesdienst stellt er den Pfarrer zur Rede und erklärt ihm, wie er seine Predigten theologisch verbessern könnte.

Kürzlich erzählte mir ein anderer Pastor von einem Gemeindeglied, das gegen ihn arbeitete. Der Mann versuchte, andere Gemeindeglieder mit folgenden Worten zu ködern: „Weißt du, bestimmte Leute in der Gemeinde fragen sich, ob es richtig ist, dass der Pastor …" Wenn der andere zurückgab, dass er den Pastor ganz und gar unterstützte, zog sich der Mann zurück. Weil er vorgab, im Namen anderer Gemeindeglieder zu sprechen, ging er kein persönliches Risiko ein. Doch wenn der andere Zustimmung signalisierte, dann begann dieser kritische Mensch den bitteren Samen der Zwietracht zu streuen. Er war so etwas wie ein Müllmann. Er ging von einem zum anderen und sammelte Beschwerden ein. Schließlich hatte er genug Unfrieden gestiftet, um den Pastor zum Gehen zu bewegen.

Ironischerweise ist es manchmal gerade ein Gemeindeglied, das sich am Anfang mit dem Pastor angefreundet hat, das sich später gegen ihn wendet. Der Pastor ist für ihn deshalb attraktiv, weil er ihn darüber aufklären kann, wie die Dinge wirklich liegen. Doch wenn der Pastor ihm nicht gleich in allem zustimmt, macht er ihn sich zum Feind. Es wäre die größte Enttäuschung dieses Menschen, den Pastor erfolgreich zu sehen.

Dieser schwierige Mensch erkennt nicht, dass er anderen das Leben schwer macht. Er hält sich für ein treues Mitglied der Gemeinde, das lediglich seine Pflicht erfüllt. Es ist schon oft vorgekommen, dass so jemand dem Pastor ein frühes Grab geschaufelt hat – entweder ohne sich seines destruktiven Einflusses bewusst zu sein oder mit der ernsthaften Meinung, dass der Pastor es verdiente, bestraft zu werden. Verstimmte Gemeindeglieder hängen ihren Aussagen häufig ein biblisches Mäntelchen um und reden davon, „alles nur im Interesse des Pastors zu tun". Die Bibel wird instrumentalisiert, um selbstsüchtiges und unkluges Verhalten zu rechtfertigen.

Dieses Problem ist deshalb schwierig, weil die meisten problematischen Leute nicht direkt mit dem Pastor reden, um Meinungsverschiedenheiten beizulegen. Sie ignorieren Christi Weisung, direkt zu dem Menschen zu gehen, mit dem man Streit hat (Matthäus 18, 15-17). Sie ziehen es vor, das Wort bei einer öffentlichen Versammlung zu ergreifen, wo sie vorgeben können, für andere zu reden – und gleichzeitig die Atmosphäre der ganzen Gemeinde vergiften. Weil der Pastor Angst hat, dass er als „ungeistlich" gelten könnte, zögert er möglicherweise, sich zu verteidigen. Doch selbst wenn er eine legitime Entschuldigung hat, ist der Schaden schon da.

Ein Ältester hatte geschwiegen, als der Gemeinderat dafür stimmte, Geld für ein Bauprojekt zu leihen. Bei einer Gemeindeversammlung stand er jedoch auf und behauptete steif und fest, dass die Gemeinde in Sünde lebte, weil sie sich dafür entschieden hatte, Geld zu leihen. Es dauerte fast ein Jahr, den Konflikt, der daraus entstand, zu lösen. Natürlich fiel es dem Unruhestifter nie ein, dass er selbst in Sünde leben könnte, weil er die Gemeinde öffentlich gerügt hatte, statt seine Bedenken in der Gemeinderatssitzung vorzubringen und sich innerhalb der Gemeindestrukturen angemessen zu verhalten.

Wie man Drachen bändigt

Wie sollen wir mit schwierigen Leuten in unseren Gemeinden umgehen? Erstens müssen wir gut zuhören, was sie sagen – vielleicht haben sie Recht. Manche Pastoren reagieren so sensibel auf Kritik, dass sie dazu neigen, alle negativen Kommentare von sich zu weisen. Doch selbst wenn wir der Meinung sind, dass jemand unfaire Kritik geäußert hat, kann doch ein Körnchen Wahrheit darin sein.

In der Tat tut uns ein Kritiker möglicherweise einen Gefallen. „Rüge den Weisen, der wird dich lieben" (Sprüche 9,8). So manches potenzielle Problem hat sich von selbst gelöst, weil wir jemandem einfach ehrlich zugehört haben. Andere Gemeindeglieder haben vielleicht dieselben Kritikpunkte, sich aber nie getraut, sie Ihnen mitzuteilen. In seinem Buch *Well-Intentioned Dragons* (Drachen mit guten Absichten) schreibt Marshall Shelley: „Vereinzelte Schüsse sollten ignoriert werden, doch wenn sie aus mehreren Richtungen kommen, sollte man ihnen Beachtung schenken. Wie jemand einmal sagte: ‚Wenn dich jemand einen Esel nennt, ignoriere ihn. Wenn dich zwei Leute einen Esel nennen, achte auf Hufspuren. Wenn dich drei einen Esel nennen, besorg dir einen Sattel!'"[6]

> So manches potenzielle Problem hat sich von selbst gelöst, weil wir jemandem einfach ehrlich zugehört haben.

Nachdem Sie die Kritik des Freundes angehört haben, sollten Sie das Problem auch nicht überbewerten. Sie können hundert Komplimente bekommen, doch es ist die eine Kritik, die Ihnen nicht aus dem

Kopf geht. So mancher Pastor hat wegen einer einzigen kritischen Bemerkung schlaflose Nächte verbracht.

Doch nun ist Zeit für eine nüchterne Analyse. Ist die Kritik mindestens zum Teil berechtigt? Geht es um einen anderen Leitungsstil oder eine andere Philosophie oder vielleicht um den Konflikt zweier Persönlichkeiten? Wenn Sie die Gefühle eines anderen Menschen verletzt haben, sei es auch nur unbewusst, sollten Sie sich demütigen und um Vergebung bitten. Wenn Sie die Meinungsverschiedenheit durch ein persönliches Gespräch beilegen können, sollten Sie es auf jeden Fall tun.

Einmal spürte ein Pastor monatelang, dass es zwischen ihm und einem Mitglied des Gemeinderates schwelte, aber er weigerte sich, sich mit dem Mann zusammenzusetzen, weil er die direkte Konfrontation scheute. Seine Weigerung beschleunigte nur die Entfremdung zwischen den beiden. Am Ende war eine Versöhnung unmöglich.

Es muss nicht immer schlecht oder ungeistlich sein, wenn Unstimmigkeiten auftreten. Denken Sie daran, dass Barnabas Markus auf die zweite Missionsreise mitnehmen wollte, aber Paulus nicht einverstanden war, weil der junge Mann sie in Pamphylia schon einmal verlassen hatte. Lukas schrieb: „Und sie kamen scharf aneinander, so dass sie sich trennten. Barnabas nahm Markus mit sich und fuhr nach Zypern" (Apostelgeschichte 15,39).

Manchmal ist schwer zu sagen, wer Recht und wer Unrecht hat. Sie sollten, wenn möglich, eine Lösung erarbeiten, in der Sie demjenigen, der berechtigte Kritik geäußert hat, entgegenkommen. Vielleicht könnten Sie den Gottesdienstablauf von Zeit zu Zeit ändern oder anfangen, die gewünschten Bibelabende zu halten. So mancher potenzielle Unruhestifter wurde durch einen vernünftigen Kompromiss besänftigt.

Es gibt jedoch manches kritische Gemeindeglied (Shelley spricht von einem „Drachen"), das nie zufrieden ist. Wir kennen Menschen, die uns (und alle anderen) aus einem Zwang heraus kritisieren. Vielleicht haben sie ein Ego, das sich jeder Problemlösung widersetzt. Sie sind wie der Betrunkene, dem jemand stinkenden Käse in den Bart schmierte, bevor er die Kneipe verließ. Als der Mann in die klare Nachtluft hinausstolperte, murmelte er: „Die ganze Welt stinkt!"

Bei einem solchen Menschen müssen Sie sich entscheiden. Fragen Sie sich: „Wie wichtig ist mir diese Angelegenheit? Kann ich mit der Situation leben, sie von Gott als Mittel zum Persönlichkeitswachstum annehmen?" Spurgeon sagte: „Finde einen Freund, der dir deine Fehler sagt, oder noch besser: heiße einen Feind willkommen, der dich genau beobachtet und dich schonungslos kritisiert. Welch ein Segen wird dem weisen Mann ein solch anstrengender Kritiker sein – und welch unerträgliches Ärgernis dem Dummen!"[7]

Wie man sich behauptet

Vielleicht halten Sie jedoch die Angelegenheit für so wichtig, dass Sie Ihren Ruf dafür aufs Spiel setzen wollen. Wenn keine Lösung denkbar erscheint und der Konflikt Ihre Arbeit behindert, müssen Sie die Angelegenheit dem Gemeinderat vorlegen und sich darauf vorbereiten, die Konsequenzen zu tragen.

Die Schrift lehrt, dass die, die sich unrechtmäßig verhalten, bestraft werden sollen. Paulus schrieb: „Wenn aber jemand unserm Wort in diesem Brief nicht gehorsam ist, den merkt euch und habt nichts mit ihm zu schaffen, damit er schamrot werde. Doch haltet ihn nicht für einen Feind, sondern weist ihn zurecht als einen Bruder" (2. Thessalonicher 3,14-15).

Wenn der Gemeinderat Sie entschieden unterstützt und Unruhestifter ermahnt, können Sie selbstbewusst Ihren Dienst fortsetzen. Wenn Sie in tragfähige Beziehungen zu Ihren Gemeinderäten investiert haben, werden diese bereit sein, sich mit Ihrem Standpunkt gebührend auseinander zu setzen. Doch wenn der Gemeinderat die Kritik für berechtigt hält, oder wenn seine Mitglieder zu schwach sind, denen Widerstand entgegenzusetzen, die die Gemeinde spalten würden, bleibt Ihnen nichts anderes übrig als zu gehen. Nur selten kommt etwas Gutes dabei heraus, wenn man um jeden Preis bleibt.

Leider tendieren Gemeinderäte dazu, für ihre langjährigen Freunde in der Gemeinde Partei zu ergreifen. Es ist besonders schwierig, wenn der Unruhestifter mit der Chorleiterin verheiratet oder mit vier anderen Familien in der Gemeinde verwandt ist. Leider können die meisten von uns nicht ganz objektiv an Probleme herangehen – Freundschaften, alte Verbundenheit und einseitige Informationen beeinträchtigen unsere Fähigkeit, so zu handeln, wie wir es sollten.

In einer bestimmten Gemeinde stellte sich der ganze Gemeinderat gegen den Pastor, und zwar durch die Überzeugungskraft einer Frau, die die Gemeinde jahrelang heimlich beherrscht hatte. In einem Rachefeldzug gegen den Pastor schlug sie sogar vor, dass er sich von seiner Frau scheiden lassen sollte, obwohl sie schon achtunddreißig Jahre glücklich verheiratet waren! Und doch waren die Mitglieder des Gemeinderats so in ihrem Bann, dass sie ihre Kritikpunkte akzeptierten und der Pastor gezwungen war, die Gemeinde zu verlassen.

Nach solchen Erfahrungen kann ein Pastor seine Verletzungen entweder mit sich herumschleppen und seinen zukünftige Dienst für Gott dadurch vergiften oder mit dem geschehenen Unrecht umgehen lernen. Der erwähnte Pastor übergab die Angelegenheit dem Herrn und vertraute darauf, dass Gott dieses Durcheinander schließlich in Ordnung bringen würde. Er wurde auf besondere Weise gesegnet und Gott wird ihn zweifellos weiterhin gebrauchen.

> Wenn du von einem Drachen angegriffen wirst, solltest du nicht auch zu einem Drachen werden!

Peter Marshall sagte: „Es ist eine Tatsache in der Erfahrung eines

Christen, dass das Leben eine Abfolge von Tälern und Hügeln ist. In seinem Bemühen, die Seele ganz zu gewinnen, verlässt sich Gott mehr auf die Täler als auf die Hügel. Und manche seiner liebsten Menschen sind durch längere und tiefere Täler gegangen als jeder andere."[8]

Denken Sie daran, wenn Sie in Ihrer Gemeinde „Drachen" begegnen: Gott liebt auch sie. Sie können uns Gutes tun, und wir können ihnen Gutes tun. Es gibt keine Patentlösung für alle Situationen. Aber Shelley formuliert eine Grundregel: *Wenn du von einem Drachen angegriffen wirst, solltest du nicht auch zu einem Drachen werden!*

Mit den Worten meines Freundes: „Gott wird eine Menge in Ordnung bringen müssen." Manchmal ist es besser, ihm das Problem zu überlassen, als zu versuchen, es selbst zu lösen.

5
Durch unsere Predigt Menschen erreichen

In einem neuen Vortragssaal testete C. H. Spurgeon einmal die Akustik, indem er rief: „Siehe, das Lamm Gottes, das die Sünde der Welt trägt!" Ein Arbeiter, der diesen Satz hörte, wurde von den Worten getroffen und bekehrte sich.

Manche Prediger erleben stärkere Reaktionen als andere. Wenn zehn Pastoren wortwörtlich die gleiche Botschaft predigen würden, wäre das Ergebnis nie dasselbe. Manche Pastoren strahlen Charisma aus, andere wirken in ihrer Zurückhaltung. Es geht nicht darum, *was* gesagt wird, sondern *wer* es sagt – das macht den Unterschied aus.

Predigten mit gutem Inhalt können aus vielen Gründen scheitern. Der vielleicht häufigste Grund ist, dass zu wenig Gefühl gezeigt wird. Wir sind alle schon in die Falle getappt, eine trockene Wahrheit zu predigen. Wir haben unsere Botschaft heruntergerattert, als ob es der Börsenbericht eines ereignislosen Börsentages wäre.

Als Teenager fragte ich mich oft, warum unser Pastor seine Botschaften nicht einfach vervielfältigte und verschickte. Das hätte uns in den Besitz der Wahrheit gebracht, ohne dass wir uns hätten aufraffen müssen, zur Kirche zu gehen. Heute frage ich mich, ob dieser Gedanke damals deshalb in mir aufkam, weil der Pastor so monoton predigte und nicht fähig war, seiner Predigt eine persönliche Note zu verleihen.

> Es geht nicht darum, was gesagt wird, sondern wer es sagt.

Predigen heißt nicht einfach, eine Botschaft zu übermitteln. „Ist Predigen die Kunst, eine Predigt zu schreiben und sie zu halten?", fragte Bischof William A. Quayle. „Aber nein, das bedeutet Predigen nicht. *Predi-*

gen ist die Kunst, mit Leib und Seele Prediger zu sein und so die Menschen zu überzeugen!"

Was auf so vielen Kanzeln am Sonntagmorgen fehlt, ist genau das: Dass der Prediger mit Leib und Seele predigt. Viele Prediger haben kein Feuer in ihren Knochen. Michael Tucker, ein Pastor in Colorado, beschreibt einen erfolgreichen Prediger so: „Das Predigen muss sein Herz zum Schlagen bringen, bis er völlig in der Botschaft lebt und atmet. Die Botschaft wird ihn jagen, antreiben, sogar in ihm explodieren. So groß wird der Drang zu predigen sein, dass er es kaum erwarten kann, die Botschaft Gottes zu verkündigen."

> Predigen ist die Kunst, mit Leib und Seele Prediger zu sein und so die Menschen zu überzeugen.

George Whitefield predigte mit Intensität. Er schrieb einem Freund: „Rede jedes Mal, als ob es dein letztes Mal wäre. Wenn es möglich ist, schluchze jedes Argument heraus und bringe sie dazu, weinend auszurufen: ‚Seht doch, wie er uns liebt!'"

Der Jesuit und Theologe Walter Burghardt bedauert, dass die Predigten der Priester oft so oberflächlich seien. Er klagt darüber, dass die Laien in der Römisch-katholischen Kirche „dadurch, dass wir über das Göttliche reden, ohne dabei das geringste Gefühl zu zeigen", verwirrt seien. Seine Worte treffen auch auf viele evangelikale Predigten zu.

Drei Arten zu predigen

Richard Owen Roberts, der Autor des Buches *Revival* (Erweckung), benennt verschiedene Arten der Predigtvorbereitung. Die erste Stufe ist das „Mund-Ohr-Predigen". Das geschieht dann, wenn jemandem Wortwahl und Satzstruktur sehr am Herzen liegen. Er ist sich bewusst, dass er gute Beispiele und lebendige Beschreibungen braucht. Er arbeitet sorgfältig an Schlüsselbegriffen und besonderen Ausdrücken. Ein typischer Zuhörer reagiert so: „Was für eine wunderbare Predigt! Ich habe sie wirklich genossen."

Dann gibt es das „Kopf-Kopf-Predigen". Es regt die Gedanken an und appelliert an den Verstand der Zuhörer. Der Prediger versucht, gut strukturiert, theologisch einwandfrei und lehrreich zu predigen. An der Tür hört er: „Das war eine hervorragende Predigt. Sie hat mich zum Nachdenken gebracht."

Beim „Seele-Seele-Predigen" bereitet der Prediger Stunde um Stunde seine Botschaft vor, verwendet aber die gleiche Zeit darauf, sich selbst vorzubereiten. Nur diese Art des Predigens kann Bekehrungen und persönliche Frömmigkeit bewirken.

Das erklärt, warum manche der effektivsten Prediger nicht die wortgewandtesten sind. Manche Prediger, die nur gewöhnliche Gaben haben, werden auf außergewöhnliche Art und Weise von Gott benutzt, weil sie buchstäblich zu der Botschaft werden, die sie predigen.

Die drei Personen, die beim Predigen anwesend sind

Wie können wir so predigen, dass wir Gefühle wecken und den Willen bewegen? Durch Brüllen und dramatische Beispielgeschichten werden wir das nicht schaffen. Wir müssen uns innerlich der drei Personen bewusst werden, die beim Predigen zugegen sind.

Die erste ist Gott. Petrus schrieb: „wenn jemand predigt, dass er's rede als Gottes Wort" (1. Petrus 4,11). Ein Prediger redet im Namen Gottes. Wenn die Predigt langweilig, monoton oder oberflächlich ist, wird die Gemeinde das auch von Gottes Botschaft denken.

Ist Gottes Wort für die heutige Zeit relevant? Hat er sich klar zu den Problemen geäußert, mit denen sich die Gemeindeglieder herumschlagen? Kann er Mauern des Hasses und des Argwohns in Familien und in der Gemeinde zum Einsturz bringen? Diese und viele andere Fragen werden beantwortet, wenn wir in Gottes Namen reden.

> Manche Prediger werden auf außergewöhnliche Art und Weise von Gott benutzt, weil sie buchstäblich zu der Botschaft werden, die sie predigen.

Wir können ihn nur dann wirksam verkündigen, wenn wir ihn anschauen, wie er ist. Wir müssen über seine Heiligkeit staunen, die sich in der donnernden Offenbarung am Berg Sinai zeigte, über seine Macht, die wir in der Schöpfung und in der Geschichte sehen, und über seine Liebe, die sich am Kreuz zeigte.

*Denn so spricht der Hohe und Erhabene,
der ewig wohnt, dessen Name heilig ist:
Ich wohne in der Höhe und im Heiligtum
und bei denen, die zerschlagenen und demütigen Geistes sind,
auf dass ich erquicke den Geist der Gedemütigten
und das Herz der Zerschlagenen.*
(Jesaja 57,15)

Wir müssen versuchen, in uns ein Feuer für das Predigen anzufachen, indem wir von neuem das Wunder erfassen, dass wir Boten des Höchsten sein dürfen. Wir müssen ihn erst gut kennen, bevor wir ihn wirkungsvoll anderen vorstellen können.

Die zweite Person, die beim Predigen zugegen ist, ist der Zuhörer. Wir sollten die Vorstellung begraben, dass man automatisch zuhört, wenn wir reden. Die Leute haben den Kopf nicht frei, wenn sie in den Gottesdienst kommen. Haddon Robinson sagt: „Köpfe sind weder offen noch hohl. Köpfe haben Deckel, die fest angeschraubt sind. Auch wenn man sich noch so anstrengt, etwas hineinzuschütten – es können keine neuen Vorstellungen hineingezwungen werden. Der Verstand öffnet sich erst, wenn sein Inhaber das Bedürfnis verspürt, ihn zu öffnen. Auch dann müssen neue Vorstellungen erst durch diverse Schichten von Erfahrung, Gewohnheit, Vorurteilen, Angst und Argwohn gefiltert werden."

Zum Beispiel kann es Zorn sein, der jemanden davon abhält zuzuhören. Der gerade volljährige Sohn eines Gemeindeglieds war am Steuer seines Autos eingeschlafen und tödlich verunglückt. Der unsensible Pastor sagte zu dem verzweifelten Vater: „Erwarten Sie nicht, dass ich die Beerdigung halte, da bin ich nämlich im Urlaub." Der Vater sagte mir später: „Auch wenn er ein guter Prediger ist – nach dieser Bemerkung habe ich von seinen Predigten kein einziges Wort mehr aufgenommen."

Diese Begebenheit verdeutlicht ein wichtiges Prinzip der Kommunikation: Man kann noch so feurig predigen – wenn ein Mensch nicht bereit ist zuzuhören, wird die Predigt genauso wenig eindringen wie Wasser in eine Marmorplatte.

Vielleicht ist das Gemeindeglied gedanklich noch bei der stressigen Woche, den familiären Problemen oder finanziellen Sorgen. Wenn Sie dem noch die Verdorbenheit des menschlichen Verstandes und die Fähigkeit des Teufels, das Wort Gottes aus dem Herzen der Menschen zu stehlen, hinzufügen, ist es ein Wunder, dass Kommunikation überhaupt geschieht.

Wir können nicht zu den Menschen durchdringen, bevor wir sie nicht aufrichtig lieben und ihre Nöte in unserem Herzen tragen. Reine Information wird ihre Einstellungen und ihr Verhalten nicht ändern. Sie müssen sehen, wie wir mit ihnen leiden. Wir müssen uns in den Schmerz dieser Welt hineinbegeben.

Die dritte Person ist der Prediger. Er muss die Wahrheit erst in sein Leben aufnehmen, bevor er sie anderen mitteilt. Das fällt denen unter uns schwer, die zwei- oder dreimal wöchentlich predigen müssen. Aber wir können es uns nicht leisten, eine Botschaft weiterzugeben, die andere verändern soll, uns selbst aber nicht verändert hat. Wir müssen etwas von uns selbst weitergeben, damit die Menschen sehen können, dass wir Teil der Botschaft sind, die wir ihnen bringen. Die uns anvertrauten Menschen wollen hören, dass wir menschlich sind, Sorgen und Hoffnungen mit ihnen teilen.

Es ist nicht leicht, echte Gefühle zu zeigen. Weil wir mit menschlicher Not bombardiert werden, versuchen wir, uns vor dem massiven seelischen Leid zu schützen. Wir sind nicht mehr fähig, mit den Trauernden zu weinen, wie Jesus Christus es tat, als sein Freund Lazarus gestorben war (Johannes 11,35). Das Theologische Seminar hat uns gelehrt, tief zu denken, aber nicht tief zu fühlen. Jemand hat einmal treffend formuliert, dass „ein Prediger klar denken und tief fühlen und bei seinen Zuhörern dasselbe bewirken muss".

Unsere Predigten wären sehr viel wirkungsvoller, wenn wir uns an eine einfache Regel hielten: Man sollte nicht über etwas predigen, was man nicht selbst erfahren hat! Wenn wir die Botschaft weitergeben wollen, die Gott uns gegeben hat, sollten wir sie gut genug kennen, damit wir uns auf ihren Inhalt konzentrieren können, anstatt uns darüber Gedanken zu machen, wie gut wir sie auswendig können. Nur dann können wir mit Autorität sagen: „So spricht der Herr!"

Als ich an einem evangelikalen Seminar Homiletik unterrichtete, wollte ich der Klasse drastisch vor Augen führen, wie abhängig wir von Gott sein müssen, wenn wir predigen, vor allem, wenn wir zu Unbekehrten predigen. Deshalb hielt ich einmal den Unterricht auf einem Friedhof ab und begann, indem ich Epheser 2,1-6 las: „Auch ihr wart tot durch eure Übertretungen und Sünden ..."

Dann bat ich einen der Studenten, für einen der Toten zu predigen, einem Mann, der schon lange unter der Erde war, zu erzählen, dass der Tag der Auferstehung gekommen war. Als er ablehnte (im Glauben, dass ich es nicht ernst meinte), tat ich es selbst.

„Jonathan!", schmetterte ich in Richtung des Grabsteins. „Der Tag der Auferstehung ist da!"

Glücklicherweise erhielt ich keine Antwort!
Dann drehte ich mich zu den Studenten um und sagte: „Dabei bin ich mir jetzt ziemlich dumm vorgekommen. Ich wusste, dass Jonathan, der 1912 beerdigt wurde, nicht auferstehen würde. Aber so dumm sind wir nun einmal, wenn wir das Evangelium predigen, mit Ausnahme einer Tatsache: Dass Gott in seiner Gnade eine Auferstehung möglich machen kann!"

Paulus schreibt: „Aber Gott, der reich ist an Barmherzigkeit, hat in seiner großen Liebe, mit der er uns geliebt hat, auch uns, die wir tot waren in den Sünden, mit Christus lebendig gemacht – aus Gnade seid ihr selig geworden –; und er hat uns mit auferweckt und mit eingesetzt im Himmel in Christus Jesus" (Epheser 2,4-6).

Ich erinnerte die Seminarteilnehmer daran, dass Gott Hesekiel auftrug, zu Totengebeinen zu reden, und dass Gott dann Fleisch und Haut schuf und Leben in die toten Körper blies. Dann knieten wir auf dem Friedhof nieder und baten Gott darum, dass er uns die Gnade gebe, das Evangelium mit einem Gefühl von Hilflosigkeit zu predigen, im Bewusstsein unserer Abhängigkeit von Gott und seiner Gnade. Nur er kann die Toten auferwecken, nur er kann es schenken, dass sie glauben und vertrauen können.

Kurz, meine Philosophie des Predigens ist, zu erwarten, dass Menschen durch die Verkündigung von Gottes Wort radikal verändert werden. Natürlich kann das nicht immer erreicht werden, aber wenn wir ein geringeres Ziel anstreben, werden wir es, fürchte ich, vermasseln! Wenn wir unsere Herzen genau so gründlich vorbereiten wie unsere Gedanken, wird Gottes Wort bei der Gemeinde ankommen. Sie wird erkennen, dass wir uns ganz und gar auf Gottes Gnade verlassen.

Lassen Sie uns beten, dass Gott unsere Predigten wieder zu dem macht, was sie sein sollen, und dadurch Menschenherzen verändert.

> *Zion, du Freudenbotin,*
> *steig auf einen hohen Berg;*
> *Jerusalem, du Freudenbotin,*
> *erhebe deine Stimme mit Macht;*
> *erhebe sie und fürchte dich nicht!*
> *Sage den Städten Judas:*
> *Siehe, da ist euer Gott!*
>   *(Jesaja 40,9)*

Wenn wir predigen, wird Gott vielleicht einfach ein Wunder tun!

6
„Christliche Schlafmützen" aufrütteln

Engagement in der Gemeindearbeit – wie oft haben wir schon darüber gepredigt! Doch haben unsere Predigten viel erreicht? Auf einer Tagung waren sich kürzlich viele Pfarrer einig, dass sie über das mangelnde Engagement vieler Gemeindeglieder frustriert sind. Jede Gemeinde erfreut sich einiger verlässlicher, begeisterter Mitarbeiter. Doch leider sind sie eher die Ausnahme als die Regel.

Die Unzuverlässigen sind die, die generell zu jeder Sitzung zu spät kommen. Manche von ihnen scheinen absichtlich zu spät zu kommen. Ich bin sicher, dass sie die Eingangsliturgie des Gottesdienstes schon jahrelang verpassen.

Dann gibt es jene, die niemals Bescheid geben, wenn sie nicht teilnehmen können. Manche Kindergottesdienst-Mitarbeiter, Abendmahlshelfer und Ausschussmitglieder fehlen einfach, obwohl sie eingeteilt sind. Also muss in aller Eile ein Ersatz gefunden werden.

Wir kennen Gemeindeglieder, die Aufgaben übernehmen, sie aber nicht ausführen. Jane verspricht, Melissa im Auto mitzunehmen; John wird sich darum kümmern, wie es David geht; Peter übernimmt das Schreiben eines wichtigen Briefes; Frank versichert, dass er bei der nächsten Ausschusssitzung dabei sein wird. Aber nichts geschieht – weder in dieser noch in den nächsten Wochen.

Unsere Gemeinden sind zudem von Menschen bevölkert, die ihre Schludrigkeit mit fadenscheinigen Ausreden rechtfertigen. „Wir hatten Besuch", sagt der eine. „Es war zu kalt", sagt der andere (bzw. heiß/windig/schwül – je nachdem, wo sie wohnen).

Solch ein Verhalten würde in der säkularen Welt nicht toleriert. Viele Christen, die am Montagmorgen nie zu spät zur Arbeit kommen würden, vernachlässigen am Sonntagmorgen ihre Aufgaben, ohne dabei Gewissensbisse zu haben. Natürlich können wir auch nicht damit drohen, sie zu feuern.

Ein Freiwilligenheer

„Denk dran, dass sie es alle freiwillig tun", sagte einmal jemand zu mir. „Du kannst keine Leute entlassen, die nicht bezahlt werden. Wenn du ein Freiwilligenheer leitest, musst du nehmen, wen du kriegen kannst."

Also haben wir es weiterhin mit Leuten zu tun, die notorisch zu spät kommen, ihr Wort nicht halten, zögern und zaudern. Und unser Freiwilligenheer stolpert auf seinem Weg dahin. Viele von uns können dieser Parodie des Kirchenliedes „Vorwärts, Christi Streiter" zustimmen:

Wie eine Riesenschildkröte die Beine
bewegt sich unsere Gemeinde.
Brüder, wir gehen denselben Pfad,
den man schon vor uns gewandelt hat.

Hauser, amerikanischer Oberst im Ruhestand, schrieb, dass vier wesentliche Aspekte den „Kampfeswillen" erhalten. Um *Unterordnung* zu lernen, muss ein Soldat wiederholt unangenehme Aufgaben erledigen. Um *Angst* zu überwinden, muss er seine Kameraden kennen und ihnen vertrauen. Das wird ihm den Mut geben, an ihrer Seite zu kämpfen, statt davonzulaufen. Um *Treue* zu fördern, verlangt die Armee, dass die Männer zusammen schlafen, arbeiten und essen. In der Folge werden sie sich für das Wohlbefinden des anderen verantwortlich fühlen. Und schließlich wird daran gearbeitet, dass der Soldat eine Art *Stolz* empfindet, dass die anderen sich auf ihn verlassen und seinen Beitrag zur Sicherheit und zum Erfolg der

Einheit achten. Und so kämpft er, in der Hoffnung, lebend wieder nach Hause zu kommen.

Jede dieser Eigenschaften eines guten Soldaten hat jedoch durch die Einführung des Berufsheeres („Freiwilligenheeres") gelitten. Nicht der Dienst für die Nation, sondern das eigene Interesse steht bei der Rekrutierung im Vordergrund. Folglich sind die, die sich verpflichten, wenig engagiert. Sie interessieren sich mehr für ihre Altersvorsorge als dafür, ob sie wirklich bereit sind, zu kämpfen.

Kommt Ihnen das bekannt vor? Ich glaube, es ist Zeit, nicht mehr fraglos davon auszugehen, dass die Gemeinde aus einem „Freiwilligenheer" besteht. Wann gab uns Gott denn die Möglichkeit, beizutreten? Diskutiert er mit uns über unsere Arbeitsbedingungen? Sollte man Treue nur von denen erwarten, die für ihre Arbeit bezahlt werden? Haben wir das Recht, am Sonntagmorgen weniger zu erwarten als am Montagmorgen?

Ein „Heer" mit einem „Oberbefehlshaber"

Wir sollten uns einiger Tatsachen bewusst werden. Erstens haben nicht wir uns für Christus entschieden – er hat sich für uns entschieden. Jesus sagt: „Nicht ihr habt mich erwählt, sondern ich habe euch erwählt und bestimmt, dass ihr hingeht und Frucht bringt" (Johannes 15,16). Als „Oberbefehlshaber" teilt er jedem von uns eine Aufgabe zu. Wie es Peter Marshall einmal formulierte: Unser Vertrag ist unterschrieben; wir stehen unter Oberbefehl.

Unser Befehlshaber entscheidet darüber, wie und wo gekämpft werden soll. Paulus lernte Unterordnung und Gehorsam dadurch, dass er Diener Christi wurde. Wenn wir Gottes Ruf ignorieren, werden wir unweigerlich zu Deserteuren.

Zweitens bringt Treue im Kleinen größere Verantwortung. „Wer im Geringsten treu ist, der ist auch im Großen treu; und wer im Geringsten ungerecht ist, der ist auch im Großen ungerecht" (Lukas 16,10). Als Pfarrern würde es uns nicht einfallen, zum Gottesdienst zu spät zu kommen. Schließlich ist das eine offizielle Veranstaltung. Aber ist es nicht genauso wichtig, zu einem Seelsorgetermin pünktlich zu sein? In den Augen der Menschen nicht, aber in den Augen Gottes.

Wenn Kinder gehorchen sollen, ist es für die Eltern nicht wichtig, ob es dabei um kleine oder große Aufgaben geht. Es zählt allein die Einstellung des Kindes zum Gehorsam. So sieht auch unser himmlischer Vater nicht über scheinbar unbedeutende Details hinweg. Auch ein Glas Wasser, das in Jesu Namen gereicht wird, ist wichtig.

Drittens soll es unsere Motivation sein, Gott zu gefallen, nicht den Menschen. Paulus schrieb an Timotheus: „Wer in den Krieg zieht, verwickelt sich nicht in Geschäfte des täglichen Lebens, damit er dem gefalle, der ihn angeworben hat" (2. Timotheus 2,4). Es soll unsere Motivation sein, Gott zu gefallen, nicht den Menschen.

Noch ein militärischer Vergleich sei erlaubt: Napoleons Soldaten ertrugen körperliche Schmerzen, Krankheit und sogar den Verlust eines Armes allein für ein anerkennendes Nicken ihres Befehlshabers. Nichts wird unsere Motive reiner machen als der Entschluss, Jesus zu gehorchen, egal, ob wir in der Welt anerkannt sind oder nicht.

Als er seinen Jüngern die Füße wusch, als er die Bergpredigt hielt, handelte Jesus aus denselben Motiven. Er sagte: „Ich tue allezeit, was dem Vater gefällt" (Johannes 8,29). Er betrachtete sich nicht als freiwilligen Helfer, sondern als demütigen Diener, der den Willen des Vaters erfüllen muss.

Auch Nichtchristen sind zuverlässig bei entsprechender Bezahlung. Christen jedoch sollten sich durch ihre positive Einstellung zu geringen, unentgeltlichen Aufgaben auszeichnen. Sie sollten darauf vertrauen, dass Gott sie in einer anderen Welt überreich beschenken wird. Ist es nicht unsere Perspektive der Ewigkeit, die uns von dieser vergänglichen Welt und ihren Werten unterscheidet?

Wie können wir zwischen einem engagierten Mitarbeiter und

jemandem, bei dem das Lustprinzip über ein Engagement bestimmt, unterscheiden? Vielleicht hätten Sie Lust, jedes Gemeindeglied, das sich vor seinen Pflichten drückt, ehrenhaft zu entlassen. Es ist jedoch besser, wenn die Leute ihre eigenen Unzulänglichkeiten erkennen und sich aus der aktiven Mitarbeit bewusst zurückziehen.

Beginnen Sie damit, Verhaltensregeln zur Erfüllung der einzelnen Aufgaben in der Gemeinde aufzustellen. Auf diese Liste gehören Teilnahmepflicht, die Erfüllung der übertragenen Aufgaben und die Beschreibung eines angemessenen Verhaltens. Besprechen Sie diese Richtlinien im Mitarbeiterkreis und mit dem Gemeinderat. Machen Sie deutlich, dass die Gemeindeleitung Verbindlichkeit und Zuverlässigkeit erwartet. Machen Sie auch deutlich, dass die Gemeindeleitung diesbezüglich mit gutem Beispiel vorangehen will.

Haben Sie keine Angst davor, jemanden gehen zu lassen. Wenn es sein muss, lassen Sie eine Aufgabe verwaist. Das ist besser, als sie einem unzuverlässigen Mitarbeiter zu übertragen. Sehen Sie sich um und warten Sie auf einen qualifizierten, verlässlichen Ersatz. Und beten Sie immer wieder dafür.

Wir Pfarrer müssen in unseren eigenen Verantwortungsbereichen Verlässlichkeit zeigen! Gott wird schließlich einen Kern engagierter „Soldaten" schenken, die bereit sind, um Christi willen auch schwere Zeiten durchzustehen. Wir müssen den ersten Schritt dahin tun, die Zahl der zuverlässigen, qualifizierten und engagierten Christen zu erhöhen.

Ein „Freiwilligenheer" wird nicht genügen. Nur „Soldaten", die sich aufstellen lassen, weil sie eine höhere Berufung dazu haben, werden die nötige Entschlossenheit mitbringen, um ihre Aufgaben zu erfüllen.

> Wenn es sein muss, lassen Sie eine Aufgabe verwaist. Das ist besser, als sie einem unzuverlässigen Mitarbeiter zu übertragen.

7
Wenn Pastor und Gemeinderat sich nicht verständigen können

Ich bin es Leid, davon zu hören, dass sich Gemeinden und Pastoren wegen Nebensächlichkeiten trennen. In einer Gemeinde verlangten einige Männer von ihrem Pastor, eine Kleiderordnung durchzusetzen und die Gottesdienste nach ihren Vorstellungen zu gestalten. Er kam ihren Wünschen nicht in allem nach. Weil sie sich in ihrer Autorität angegriffen fühlten, wurden Kleinigkeiten hochgespielt. Bald war alles falsch, was der Pastor tat. Argwöhnisch nahmen diese Männer seine Predigten auseinander, um Anspielungen zu finden, die auf sie selbst gemünzt sein könnten.

Der Pastor kündigte. Vermutlich hatte er 90 Prozent der Gemeinde auf seiner Seite, aber er hielt die Auseinandersetzungen nicht mehr aus. Er war kein Kämpfer. Wegen ein paar verstimmter Gemeindeglieder gab er eine effektive Gemeindearbeit auf.

Kürzlich handelte ein Freund, der auch Pastor ist, genauso. Einige Mitglieder des Gemeinderates wollten die Gemeinde genau nach dem Vorbild einer größeren Gemeinde in der Nachbarschaft umstricken. Er ertrug den ständigen Vergleich nicht, den er für unfair hielt.

Wie lange ist es her, dass Sie davon hörten, wie sich eine Gemeinde wegen der Jungfrauengeburt oder der Rettung allein durch den Glauben an Christus von ihrem Pastor trennte? Die meisten Gemeindestreitigkeiten, von denen ich höre, drehen sich um Finanzen, Kirchenmusik oder die Philosophie der Gemeindeleitung. Oft geht es in Wirklichkeit nur darum, wer das Sagen hat.

Was sollte ein Gemeindeglied aber tun, wenn er oder sie legitime

Kritik anbringen will? Die meisten Leute gehören dem Gemeinderat nicht an, und doch ist ihnen die Gemeindearbeit sehr wichtig. Wenn wir weise sind, werden wir Wege finden, wie wir einige dieser Auseinandersetzungen vermeiden können. Dazu in diesem Kapitel einige Hinweise.

Wie es meistens abläuft

Leider tun die meisten Gemeindeglieder zwei Dinge, wenn sie mit etwas unzufrieden sind. Erstens äußern sie ihre Kritik gegenüber Dritten, um Unterstützung zu finden. Die Zunge ist der häufigste Grund für Uneinigkeit in der Gemeinde. „Auch die Zunge ist ein Feuer, eine Welt voll Ungerechtigkeit. So ist die Zunge unter unsern Gliedern: sie befleckt den ganzen Leib und zündet die ganze Welt an und ist selbst von der Hölle entzündet" (Jakobus 3,6).

Wenn wir unsere Zunge dazu benutzen, um Menschen um uns zu scharen, die unsere Meinung teilen, tragen wir dazu bei, dass sich in der Gemeinde ein zerstörerisches Feuer ausbreitet. Manchmal ist die Gemeinde bereits wegen einer Sache uneins, bevor der Gemeinderat oder der Pastor überhaupt von dem Problem erfahren haben. Natürlich ist es hin und wieder angebracht zu reden, aber nicht so häufig, wie manche Leute annehmen.

Genauso verhängnisvoll ist es, die Sache in einer Gemeindeversammlung zur Sprache zu bringen. Auf diese Weise möchte man öffentlich Punkte sammeln, obwohl man sich noch nicht einmal bemüht hat, die Sache unter vier Augen beizulegen. Ein Problem, das zwischen ein oder zwei Gemeindegliedern bereinigt oder auf einem anderen, angemessenen Weg gelöst werden kann, sollte auf keinen Fall öffentlich diskutiert werden.

Ich kenne einen Pastor, der in einer Gemeinderatssitzung gedemütigt wurde. Er musste es ertragen, völlig unerwartet persönlich kritisiert zu werden. Solche Sitzungen, in denen jeder meint, er könne seine Lieblingsnörgelei anbringen, sind dem Satan sicher eine Freude.

Wir müssen unsere Gemeinden lehren, wie wichtig Einheit ist, doch gleichzeitig sollten wir Raum für das Gespräch über unsere Meinungsverschiedenheiten schaffen. Wenn wir das nicht tun, werden Groll und Missverständnisse zunehmen. Die Menschen müssen das Gefühl haben, dass ihre Kritik gehört wird.

Was kann getan werden?

Erstens müssen wir selbst Unterordnung vorleben. Paulus schrieb: „Ordnet euch einander unter in der Furcht Christi" (Epheser 5,21). Immer wenn ich höre, wie ein Pastor seine Gemeinde lehrt, dass sie sich der Autorität beugen soll, während er sich selbst als Ausnahme von der Regel betrachtet, zucke ich zusammen. Der Satz „Ich bin nur Gott verantwortlich" klingt fromm, kann aber die Gemeinde vergiften.

Das Neue Testament zeigt uns, dass eine Gemeinde eine Vielfalt an gottesfürchtigen Leitungspersönlichkeiten haben soll, und nicht, dass jemand die Rolle eines Diktators übernimmt. Während manche Gemeinden autoritäres Verhalten höflich tolerieren, leiden andere unter diesem Druck. Einzelne Gemeindeglieder halten ihre Mitarbeit für wertlos, weil der Pastor Anweisungen exklusiv „von Gott" erhält.

Manchmal ist ein Pastor in der Defensive und nicht bereit, Kritik anzunehmen. Auch wenn er höflich zuhört, ist er in seinem Herzen davon überzeugt, dass nichts von dem stimmt, was gesagt wird. Uns allen fällt es schwer, uns objektiv zu betrachten – für manche Pastoren ist es unmöglich. Jede kritische Bemerkung prallt an ihnen ab.

Wundern Sie sich deshalb nicht, wenn es Christen frustriert aufgeben, ihre Meinung zu sagen. Wenn der Pastor nach seinen eigenen Gesetzen lebt, warum sollten sie es nicht auch tun? Wie der Pastor, so die Gemeinde.

Zweifellos haben sich schon viele Gemeinden und ihr Pastor getrennt, weil Gott beide Seiten zu gegenseitiger Unterordnung führen wollte. Doch wenn der Pastor die Autorität des Gemeinderates nicht anerkennt, lehnt die Gemeinde die Autorität des Pastors meist auch ab. Dabei wird die Kluft zwischen Pastor und Gemeinderat immer größer.

Als Gemeindeleiter sollten wir ein Beispiel für Demut geben. Wir können keine Autorität ausüben, wenn wir uns nicht selbst einer Autorität beugen. Das bedeutet nicht, dass wir bei jeder Angelegenheit nachgeben müssen, denn natürlich gibt es Situationen, in denen wir auf unserer Sicht bestehen müssen. Aber entscheidend ist das Wie, Wann und Warum.

Zweitens müssen wir lehren, dass Matthäus 18,15-16 bei jeder Art von Meinungsverschiedenheit gilt: „Sündigt aber dein Bruder an dir, so geh hin und weise ihn zurecht zwischen dir und ihm allein. Hört er auf dich, so hast du deinen Bruder gewonnen. Hört er nicht auf dich, so nimm noch einen oder zwei zu dir, damit jede Sache durch den Mund von zwei oder drei Zeugen bestätigt werde."

Christen sind dafür verantwortlich, direkt zu dem Menschen hinzugehen, dem sie grollen. Wenn die Sache mit einer bestimmten Sünde zu tun hat, ist es unsere Pflicht, zu der betreffenden Person zu gehen, auch wenn es der Gemeindeleiter ist. Doch Paulus warnt: „Gegen einen Ältesten nimm keine Klage an ohne zwei oder drei Zeugen" (1. Timotheus 5,19).

Wenn die Sache nicht bereinigt wurde, sollten sich andere einschalten, vor allem andere Mitglieder des Gemeinderates. Und der Gemeindeleiter oder Pastor muss sich ihrer Autorität beugen.

Doch was ist, wenn es sich um ein Bauprojekt, das Gehalt des

Pastors oder die Länge seiner Predigten handelt? Wenn man solche Dinge unter Gemeindegliedern diskutiert, sät man den Samen für Streit aus. In diesem Fall sollten Gemeindeglieder direkt zur verantwortlichen Person gehen, auch wenn das bedeutet, das Büro des Pastors aufzusuchen oder ihm einen Brief zu schreiben.

> Ich habe die Erfahrung gemacht, dass ein ehrliches Gespräch klären und eine Beziehung festigen kann, auch wenn die Meinungsverschiedenheit weiterhin besteht.

An dieser Stelle ist unsere Einstellung als Pastor entscheidend. Wenn wir ignorieren, was gesagt wird, oder die Kritik abtun, ohne aus ihr zu lernen, dann ermutigen wir das betroffene Gemeindeglied vielleicht dazu, andere hinter unserem Rücken auf seine Seite zu bringen.

Ich habe die Erfahrung gemacht, dass ein ehrliches Gespräch klären und eine Beziehung festigen kann, auch wenn die Meinungsverschiedenheit weiterhin besteht. Es tut irgendwie gut, wenn jemand ernsthaft versucht, unseren Standpunkt zu verstehen, auch wenn er letztlich nicht überzeugt wird. Schwierig ist hingegen, wenn ein Gemeindeglied das Gefühl hat, man hört ihm nicht einmal zu.

Das soll nicht heißen, dass wir allem zustimmen, was andere zu uns sagen. Doch ich habe oft erfahren, dass in der Kritik mehr Wahrheit liegt, als wir zugeben möchten. Es ist zu einfach, höflich zuzuhören und dann die Worte abzuschütteln, ohne gründlich darüber nachgedacht oder gebetet zu haben.

Meiner Meinung nach sollte ein Gemeindeglied in seiner Kritik am Pastor nur so weit gehen, dass es sich an ein Mitglied des Gemeinderates wendet. Auch wenn der Gemeinderat seiner Verantwortung nicht nachkommt, gibt die Bibel Gemeindegliedern nicht das Recht, Unterschriften zu sammeln, Briefe zu schreiben oder herumzutelefonieren, um für die eigene Sache zu werben.

Das neutestamentliche Modell besteht darin, dass eine Gemeinde durch eine Vielfalt an gottesfürchtigen Leitern geführt wird. Wenn Sie mit dem Verhalten des Gemeinderates nicht einverstanden sind, sollten Sie darüber nachdenken, die Gemeinde zu wechseln.

Natürlich möchte ich damit nicht fruchtbare Diskussionen unter Gemeindegliedern ersticken, in denen es darum geht, die Gemeindearbeit zu verbessern oder sich schon vor einer Sitzung über bestimmte Punkte auszutauschen. Wir sollten von unseren Leuten erwarten, dass sie über verschiedene Aspekte in der Gemeindearbeit diskutieren. Doch wenn einmal eine Entscheidung getroffen wurde, sollte man sich dem Willen der Verantwortlichen beugen.

Die Dinge Gott überlassen

In einer Zeit, in der die Menschen ihre Rechte einfordern, ist es für eine Gemeinde schwer, sich den Gemeindeleitern unterzuordnen und es Gott zu überlassen, auch in kontroversen Diskussionen seinen Willen durchzusetzen. Es kann vorkommen, dass ein Gemeindeglied eine Idee hat, die gut ist – aber das Timing stimmt nicht. Wir vergessen, dass Gott trotz Meinungsverschiedenheiten und der Unvollkommenheit der Gemeindeleiter in seinem Volk am Werk ist.

Ich habe mich dem Willen der Gemeindeleitung beugen müssen, auch dann, wenn ich selbst vielleicht eine andere Meinung hatte. Erst im Himmel wird der Schaden offenbar werden, der dem Leib Christi durch Gemeindeglieder zugefügt wird, die sich berufen fühlen, sämtliche Fehler der Gemeinde zu korrigieren oder für ihre lächerlichen Beschwerden zu kämpfen. Wir haben zu viele Leute, die glauben, dass sie die Gabe der Kritik besitzen. Gott wird geehrt, wenn wir bereit sind, Meinungsverschiedenheiten beizulegen, die nichts mit der Bibel zu tun haben – um der Eintracht des Leibes Christi willen.

Ich fürchte um die, die entschlossen sind, den Weggang eines Pfarrers wegen Belanglosigkeiten zu erzwingen. Ich fürchte um die, die eine Gemeinde gespalten haben, weil sie einem Bauprojekt oder seiner geplanten Finanzierung nicht zugestimmt haben.

> Gott wird geehrt, wenn wir bereit sind, Meinungsverschiedenheiten beizulegen, die nichts mit der Bibel zu tun haben – um der Eintracht des Leib Christi willen.

Ja, es gibt Zeiten, wenn eine Trennung gerechtfertigt, vielleicht sogar notwendig ist. Aber wir sollten sicher sein, dass es dabei eindeutig um ein biblisches Thema geht und nicht um eine Sache, die nur uns persönlich wichtig ist.

Paulus schreibt: „Wenn jemand den Tempel Gottes verdirbt, den wird Gott verderben, denn der Tempel Gottes ist heilig; der seid ihr" (1. Korinther 3,17). Gott sagt, dass er den zerstören will, der die Arbeit einer Gemeinde zerstört. Oft gibt er demjenigen ein hartes und verbittertes Herz oder er straft ihn auf andere Weise.

Dr. Paul Brand sagt, dass weiße Blutkörperchen, die „Polizei" des Körpers, uns vor Eindringlingen schützen. Wenn dem Körper eine Schnittwunde zugefügt wird, beenden diese Zellen sofort ihr zielloses Wandern und strömen aus allen Richtungen zum Kampfplatz. Als ob sie einen Geruchssinn hätten, eilen sie auf direktem Weg durch das Gewebe. Wenn sie ankommen, geben viele von ihnen ihr Leben, um die Bakterien zu töten. Sie ordnen sich dem Wohlergehen des größeren Organismus unter, der über ihre Pflichten bestimmt. Wenn eine Zelle diese Loyalität verliert und sich an ihrem eigenen Leben festhält, profitiert sie weiterhin vom Körper, gründet jedoch einen rivalisierenden Organismus, Krebs genannt.

Unsere Gemeinden sind mit Menschen gefüllt, die von der Gemeindearbeit profitieren, sich jedoch weigern, sich dem Leiter des Organismus unterzuordnen. Folglich ist der Körper voller Krebs, schwach und nicht fähig zum Kampf. Manchmal wird so viel Energie dafür verbraucht, einen inneren Konflikt zu bewältigen, dass keine Zeit da ist, der Welt von Jesus Christus zu erzählen. Wenn wir mit Gemeindeleitern nicht einer Meinung sind, sollten wir lieber mit Gott als mit unseren Freunden reden. Er kann seine Gemeinde nach seinem eigenen Timing und auf seine eigene Art und Weise führen. Wer den Tempel Gottes zerstört, spielt mit Gottes Zorn.

8
Wie stark sollen wir uns politisch engagieren?

So mancher Prediger hat sich mit Leib und Seele in die Politik gestürzt – und uns damit zum Nachdenken über unser eigenes politisches Engagement gebracht. Hunderte und Tausende von Christen werden politisch aktiv.

Es gibt gute Argumente, die für politisches Engagement sprechen. Wir haben das Recht, uns an der politischen Entwicklung unseres Landes zu beteiligen, um Veränderung zu bewirken. Warum sollten Evangelikale das radikalen Feministinnen oder Befürwortern der Abtreibung überlassen? Wir haben das Recht, gehört zu werden. Vielleicht spricht die Wahlurne deutlicher als Worte.

Gibt es einen besseren Weg, unsere Botschaft weiterzugeben, als bestimmte Leute abzuwählen? Warum sollten wir nicht die wählen, deren Gesetzesvorhaben einen biblischeren Ansatz zur Ethik widerspiegeln? In einer Demokratie gibt der den Ton an, der die politische Macht hat.

Ich bin der Meinung, dass wir für jeden Christen in der Politik dankbar sein können. Christen sollten ihren Einfluss bei regionalen und überregionalen Wahlen geltend machen und klar dafür eintreten, was sie glauben. Oft verlieren wir entscheidende Schlachten, weil wir tatenlos geblieben sind.

Ich bin nur besorgt, wenn ich höre, wie sich Pastoren zu Dingen äußern, die man besser Politikern überlassen sollte. Als Pastor habe ich kein Recht, für einen politischen Kandidaten zu werben – auch wenn er zufällig ein Christ ist, der eine biblische Weltsicht vertritt. Wir können uns im privaten Kreise dazu äußern, dürfen den Gottesdienst aber nicht zu einer politischen Wahlveranstaltung machen. Wir dürfen nicht vergessen, dass wir die Aufgabe haben, mit allen politischen Parteien zu reden. Wir sollten in allen Gesellschaftsschichten für die Wahrheit stehen und dürfen das Kreuz Christi nicht mit einseitiger Parteinahme verwechseln. Doch es gibt noch andere Gefahren.

Die Gefahren des politischen Engagements

Biblische und politische Themen werden oft vermengt. Die Botschaft vom Kreuz kann ernsthaft verfälscht werden, wenn sie für alle möglichen Parteiprogramme instrumentalisiert wird.

Eintreten gegen Abtreibung ist ein biblisches Thema; wir können alle gemeinsam gegen die Tötung von menschlichem Leben eintreten. Doch wie sieht es aus, wenn es um eine vorübergehende Steuerbefreiung für Familien oder eine Verkürzung der Wahlperiode für Abgeordnete geht? Diese Themen sind vielleicht wichtig; das Problem ist, dass die Menschen mit dem Christentum dann nicht mehr Christus verbinden, sondern diese politische Meinung.

Zweitens fürchte ich, dass politische Reformen geistliche Erneuerung verdrängen können. Natürlich favorisieren wir Gesetze, die die biblische Ethik widerspiegeln. Doch selbst ein solcher Fortschritt ist noch lange nicht die wahre Antwort auf die Situation in unserem Land. Letztlich kann nur das Evangelium von Jesus Christus unser Land erneuern. Als Pastoren müssen wir die uns anvertrauten Menschen lehren, sich nie mit weniger zufrieden zu geben als mit der radikalen Erneuerung, die das Evangelium bewirkt.

> Wir müssen die uns anvertrauten Menschen lehren, sich nie mit weniger zufrieden zu geben als mit der radikalen Erneuerung, die das Evangelium bewirkt.

Drittens: Was ist, wenn wir einfach nicht die politische Macht haben, Reformen zu bewirken? Und wenn wir in unserem Bemühen, unser Land zu Gott zurückzubringen, mit denen gemeinsame Sache machen, die das Evangelium klar ablehnen – lehnen wir uns dann nicht auf ein „zerbrochenes Rohr"?

Ja, vielleicht gewinnen wir ein paar Schlachten und erreichen ein paar Reformen. Doch unser Erfolg hängt von der Wahlurne ab. In einem demokratischen politischen Prozess wird eine Reaktion immer eine andere hervorrufen. Jemand sagte einmal: „Die Kunst der Politik liegt darin, seine Feinde auszuschalten." Es ist ein äußerst riskantes Unternehmen, mit politischer Kraft für ethische Themen zu kämpfen; das ist jedes Jahr Schwankungen unterworfen. Noch aussichtsloser ist es, fleischliche Waffen für geistliche Kämpfe einzusetzen.

Jesus Christus hat sich wenig zu politischen Dingen geäußert. Er trat nie für einen Aufstand gegen die Römer ein. Paulus sprach sich nicht gegen die Sklaverei aus, damit das Christentum nicht des politischen Umsturzes bezichtigt würde. Stattdessen lehrte er die Sklaven, „ihre Herren aller Ehre wert (zu) halten, damit nicht der Name Gottes und die Lehre verlästert werde" (1. Timotheus 6,1). Zugegebenermaßen war die Sklaverei so verwoben mit der Gesellschaftsstruktur, dass es unmöglich gewesen wäre, sie sofort abzuschaffen. Andererseits waren es in späteren Jahrhunderten die Christen, die die Sklaverei bekämpften. Doch der Punkt ist, dass Paulus sich nicht mit äußeren politischen und sozialen Veränderungen identifizieren wollte, die vom Evangelium ablenken konnten.

Natürlich leben wir in einer anderen Zeit. Wir werden dazu ermutigt, uns an der Politik zu beteiligen. Doch wir müssen uns gut überlegen, an welcher Front wir kämpfen wollen, damit das Kreuz Christi nicht mit vielen verschiedenen rein politischen Themen in Verbindung gebracht wird. Wir müssen mit all denen einen Konsens finden, die sich aus politischen Gründen auf unsere Seite stellen wollen. Aber wir müssen darauf achten, dass das Evangelium nicht zu politischen Zwecken missbraucht wird.

Unsere Reaktion

Wie sollten wir angesichts des ethischen und geistlichen Niedergangs unseres Landes reagieren?

Als Erstes müssen wir zugeben, dass die wahre Kirche in der Welt schutzlos ist. Wir sind Fremde und Pilger, die es sich nicht leisten können, ihre Hoffnung an das Glück einer unberechenbaren politischen Entwicklung zu hängen. Gott allein ist unser Schutz.

Glücklicherweise hängt unsere Stärke nicht von einer politischen Mehrheit ab. Das Schicksal eines Landes hängt oft von einer gottesfürchtigen Minderheit ab. Wenn Gott nicht hinter uns steht und für uns kämpft, werden wir letztendlich zerstört werden. Wir müssen ihn suchen und ihn demütig darum bitten, uns seine Gnade zu gewähren.

Zweitens dürfen wir wissen, dass die Kirche in den politischen Angelegenheiten dieser Welt eine herausragende Rolle spielt. Die Gemeinde hält das bevorstehende Gericht Gottes auf. Für Gott ist die Kirche höchste Priorität. Alles, was er in der Welt tut, hängt irgendwie mit dem Leib Christi zusammen, dass eines Tages „alles zusammengefasst würde in Christus" (Epheser 1,10). Die Welt – wenn ich das bescheiden anmerken darf – hat keine Ahnung, wie viel sie der Kirche zu verdanken hat.

Deshalb entscheidet der geistliche Zustand der Kirche in hohem Maße darüber, ob Gott unser Land segnet oder richtet. Zu oft schon haben wir die Atheisten für den moralischen Verfall um uns herum verantwortlich gemacht, ohne zu erkennen, dass Gott uns vielleicht durch sie richtet. Wegen Gottes Prophet Jona, nicht wegen der heidnischen Seeleute, zog ein Sturm über dem Mittelmeer auf.

> Die Welt – wenn ich das bescheiden anmerken darf – hat keine Ahnung, wie viel sie der Kirche zu verdanken hat.

Wenn wir unser Land zurück zu Gott bringen können, dann höchstwahrscheinlich deshalb, weil gottesfürchtige Menschen für geistliche Erneuerung gebetet haben. Die Gerechtigkeit, die einem Volk Würde verleiht, ist die Frucht von Umkehr. Gott schuldet uns sicher keine Erneuerung, aber wenn wir zu ihm schreien, kann er uns doch Gnade erweisen.

Natürlich muss das Gebet mit Taten verknüpft werden. Eltern müssen sich zum Beispiel im Schulsystem engagieren, wir müssen gegen den Einzug von Pornographie in unsere Häuser und Schulen vorgehen, und wir müssen ganz entschlossen gegen Abtreibung, Ungerechtigkeit und Armut kämpfen. Aber wir müssen wie Christus kämpfen, denn letzten Endes sollen die Menschen Jesus sehen. Unsere Einstellung ist genau so wichtig wie die Sache, für die wir eintreten.

Deshalb müssen wir Pastoren die ethischen Themen unserer Zeit mutig und klar ansprechen. Unsere Haltung zu Abtreibung und ausgelebter Homosexualität muss aus einer sachlich fundierten Auseinandersetzung erwachsen. Immer dann, wenn die Gesetze des Staates mit klaren biblischen Überzeugungen in Konflikt geraten, müssen wir Gott mehr gehorchen als den Menschen, auch wenn das bedeutet, dafür ins Gefängnis zu gehen.

Wir sollten uns nicht von denen einschüchtern lassen, die die Geistlichen mit dem Schlagwort „Diskriminierung" zum Schweigen bringen wollen. Doch wir sollten auch nicht vergessen, dass unsere Botschaft kein politisches Programm ist, sondern der biblische Auftrag von der Unterordnung unter den Willen Gottes.

Aber – und das ist wichtig – wir sollten unsere Kritik nicht zornig oder fanatisch äußern. Außerdem dürfen wir nicht vergessen, dass es unsere Hauptverantwortung ist, die gute Nachricht von Gottes Liebe und Vergebung weiterzugeben. Wir sollten Heilung bringen und nicht Trennung, Einsichten vermitteln und nicht verzerren. Kurz, wir müssen von Jesus Christus erzählen, seine Maßstäbe und seine Botschaft leben. Das Kreuz soll an die erste Stelle treten – in unseren Gedanken, unserem Herzen und unserem Dienst in der Gemeinde.

Um eine solche Berufung zu erfüllen, können wir uns nicht öffentlich einer bestimmten politischen Partei verpflichten. Natürlich gehen wir zur Wahl, aber als Pastoren sagen wir unseren Gemeindegliedern nicht, was sie wählen sollten. In unserer gefallenen Welt können uns auch Abgeordnete, die Christen sind, enttäuschen. Jede Partei hat ihre eigene spezielle Mischung aus Gutem und Bösem. Wir müssen das Böse benennen, wo wir es sehen, ohne einer Partei oder einem Kandidaten verpflichtet zu sein.

Die Erweckungsbewegung von John Wesley und George Whitefield im 18. Jahrhundert bewirkte große gesellschaftliche Veränderungen – unter anderem die Abschaffung der Sklaverei in England und dem Norden der USA. Gott bewirkte das durch das Wunder des Glaubens. Er zieht es vor, von innen nach außen zu wirken. Was politische Macht nie erreicht hätte, vollbrachten der Glaube und die Kraft des Heiligen Geistes.

Ich glaube, dass es an der Zeit für uns ist – als Einzelpersonen und als Kirche –, mit reuevollem Herzen zum Herrn zu gehen. Wenn wir auf unsere Hauptstadt schauen, werden wir enttäuscht werden. Wir können uns nur bedingungslos dem Willen Gottes unterordnen und persönlich und als Gemeinde in unserer dekadenten Gesellschaft seine Macht bezeugen.

Wenn unsere Probleme politisch sind, brauchen wir lediglich eine politische Lösung. Doch wenn sie geistlich sind, müssen sie auch von dieser Warte aus angesprochen werden. Wenn wir als Gottes Volk umkehren, kann er uns die Jahre, „die die Heuschrecken gefressen haben", noch zurückgeben. Denn bei Gott liegt die höchste Macht. Politik ist die Kunst des Möglichen, doch der Glaube ist die Kunst, das Unmögliche zu erreichen. Es ist wichtig für dieses Land, zu erfahren, wie Unmögliches erreicht werden kann.

9
Wenn andere erfolgreicher sind als wir

Eine Parabel erzählt davon, wie sich Satans Diener anstrengten, einen heiligen Mann, der in der Arabischen Wüste lebte, in Versuchung zu führen. Doch welche Methode sie auch anwandten, die Dämonen konnten den Mann nicht dazu bewegen, zu sündigen. Die Verführungskünste des Fleisches und ein Sturm von Zweifeln und Ängsten ließen ihn unberührt.

Verärgert über das Versagen seiner Boten schritt Satan ein. „Eure Methoden sind zu plump", sagte er. „Ihr werdet schon sehen." Er flüsterte dem heiligen Mann ins Ohr: „Euer Bruder ist kürzlich zum Bischof von Alexandria ernannt worden."

Sofort verzog sich das Gesicht des heiligen Mannes zu einer bösartigen Fratze.

„Neid", erklärte Satan seinen Dienern, „ist unsere letzte Waffe für die, die nach Heiligkeit streben."

Der Vergleich mit anderen

Als Pfarrer kämpfen wir mit denselben Verlockungen wie die Menschen in unseren Gemeinden. Doch weil wir mit unserem Dienst in der Öffentlichkeit stehen, ist unsere stärkste Versuchung möglicherweise der Neid. Wir wissen, wie verletzend es ist, mit einem erfolgreicheren Kollegen verglichen zu werden.

„Du bist in Ordnung, aber du bist kein Gordon MacDonald", sagt uns ein Gemeindeglied mit dem Ton der Endgültigkeit. Oder ein Mitglied des Gemeinderates fragt: „Warum haben wir nicht ein Gemeindewachstum wie die Willow Creek-Gemeinde?"

Doch solche Kommentare hören auch wieder auf und wir können sie mit Humor ertragen. Schwieriger ist es, wenn Ihre Gemeinde die Predigten Ihres Hilfspredigers vorzieht – oder wenn die Kirche der Nachbargemeinde aus allen Nähten platzt, während die Ihre sich leert. Dann kann es leicht passieren, dass man bitter wird und sich verteidigt. Wir sagen, wir haben „eine Gemeindearbeit, die sich nicht an Besucherzahlen, sondern an Inhalten orientiert". Oder wir beschuldigen die Gemeinde, die Predigten des Hilfspredigers lieber zu mögen, weil er den Leuten „Honig um den Bart schmiert".

Unser alter Adam kann es nicht ausstehen, schlechter auszusehen als andere. Es ist schwer, sich mit denen zu freuen, die erfolgreicher sind. Manchmal empfinden wir sogar eine stille Freude über die Misserfolge anderer – im Vergleich halten wir uns für fähiger.

Was es noch schlimmer macht, ist, dass Gottes Segen so unberechenbar scheint. Wir sehen mit an, wie eine Gemeinde unglaublich wächst, obwohl ihr Pastor ein langweiliger Prediger ist, der wenig tut, um seine Gemeinde zu inspirieren. Gleichzeitig schwinden die Mitgliederzahlen in einer Gemeinde, die einen hervorragenden Prediger und eine gute Öffentlichkeitsarbeit hat.

Ein Pastor, der theologisch wenig überzeugt, mit suspekten Methoden Spenden beschafft und dessen Privatleben in Scherben liegt, wird mit Gemeindewachstum und finanziellen Mitteln gesegnet. Zur gleichen Zeit kann ein anderer Pastor, rechtschaffen und treu, nicht genug Geld auftreiben, um die Kirche renovieren zu lassen. Kein Wunder, dass ein Missionar einmal zu mir sagte: „Ist dir jemals aufgefallen, wie oft Gott die Falschen belohnt?"

Es fällt schwer, nicht ins Fragen zu kommen und nicht neidisch zu werden.

Ein starkes Gift

Der Neid wird jeden Pastor mitsamt seiner Gemeindearbeit lähmen. Als Erstes greift er den Glauben an. Jesus fragte die Pharisäer, die gefallsüchtig waren: „Wie könnt ihr glauben, die ihr Ehre voneinander annehmt, und die Ehre, die von dem alleinigen Gott ist, sucht ihr nicht?" (Johannes 5,44). Weil sie sich gegenseitig beäugten, konnten sie ihren Blick nicht auf Gott richten. Die Neidischen können Gott nicht gefallen. Sie sind nicht frei, um von ganzem Herzen an Christus zu glauben.

Zweitens treibt Neid in die Isolation. Ein Pastor, der den Erfolg anderer fürchtet, wird sich aus der Gemeinschaft und der Zusammenarbeit mit anderen Gemeinden zurückziehen. Er wird vielleicht sagen, dass er sich aufgrund der reinen Lehre von den anderen fernhält. Tatsächlich stehen manchmal Grundsatzfragen des Glaubens auf dem Spiel, und Abgrenzung ist notwendig. Doch was unsere geheimen Motive betrifft, grenzen wir uns oft deshalb ab, weil wir Angst davor haben, dass unsere Gemeindeglieder außerhalb der Mauern unseres kleinen Reiches gesegnet werden könnten.

Obwohl die Pharisäer sagten, dass sie Christus aufgrund seiner Lehre kreuzigten, war das nicht der *wahre* Grund, warum sie ihn verurteilten. Pilatus erkannte ihr heimliches Motiv: „Denn er wusste, dass sie ihn aus Neid überantwortet hatten" (Matthäus 27,18). Neid war ihr Motiv, Theologie der Deckmantel ihrer Tat.

Paulus machte im pisidischen Antiochia in Kleinasien eine ähnliche Erfahrung, wo die Menschen zu seinen Predigten strömten: „Als aber die Juden die Menge sahen, wurden sie neidisch und widersprachen dem, was Paulus sagte, und lästerten" (Apostelgeschichte 13,44). Einmal mehr wird Feindschaft mit der Theologie erklärt, obwohl in Wirklichkeit ein ganz anderes Motiv dahinter steht.

In seinem Brief an die Philipper schreibt Paulus, dass manche

Leute aus Neid und Streitsucht Jesus Christus predigen und dabei hoffen, ihn – Paulus – schlecht aussehen zu lassen. Und doch freute er sich darüber, dass Christus gepredigt wurde, auch wenn ihre Motive sündhaft waren (Philipper 1,12-18).

Ein neidischer Mensch kann einen unvorteilhaften Vergleich so fürchten, dass er die Gemeindearbeit eines Kollegen heimlich sabotiert. Wenn er vorsichtig vorgeht, wird sein verstecktes Motiv möglicherweise nie ans Licht kommen. Nur Gott wird die geheimen Motive der Menschen aufdecken.

König Saul war nicht so vorsichtig, seine Eifersucht zu verbergen. Ihn machte der Vergleich der Menschenmenge – „Saul hat tausend erschlagen, aber David zehntausend" (1. Samuel 18,7) – so wütend, dass er von da an versuchte, seinen jungen Rivalen umzubringen. Er fand nicht mehr zur Umkehr und beging schließlich Selbstmord nach einer verlorenen Schlacht, nachdem ihn Gott schon lange verlassen hatte.

Wenn der Neid einmal in einem Herzen eingezogen ist, widersetzt er sich jedem Räumungsbescheid. Selbst der Tod kann attraktiver erscheinen, als jemandem, der jünger und weniger qualifiziert ist, seinen Erfolg zu gönnen. Sie sollten niemals unterschätzen, wie tief wir sinken können, nur um gut dazustehen.

Das Gift neutralisieren

Wie können wir dieses hinterlistige Monster besiegen? Wir müssen den Neid als die Sünde sehen, die er ist. Neid ist eine Rebellion gegen Gottes gute Führung. Ein neidischer Mensch sagt, dass Gott kein Recht hat, jemand anderen mehr zu segnen als ihn.

Jesus erzählte ein Gleichnis von einem Landbesitzer, der erklärte, den Tagelöhnern, die morgens erschienen, pro Tag einen Silbergroschen zu zahlen. Andere, die später am Tag mit der Arbeit anfingen, verhandelten nicht mit dem Landbesitzer über ihren

Lohn, sondern vertrauten auf seine Fairness. Am Ende des Tages wurden zuerst diejenigen ausgezahlt, die zuletzt gekommen waren. Jeder erhielt einen Silbergroschen. Die, die seit dem Morgen gearbeitet hatten, nahmen an, nun mehr Lohn als ausgemacht zu erhalten, und waren schockiert, als auch sie nur einen Silbergroschen bekamen (Matthäus 20,1-12). Wie unfair!

> Ein neidischer Mensch ist wie das Tongefäß, das dem Töpfer sagt, wie er zu töpfern hat.

Stellen Sie sich vor, dass ein Arbeitgeber denen, die um 15.00 Uhr anfangen, dasselbe bezahlt wie denen, die morgens pünktlich beginnen! Doch Jesus gab der Geschichte eine überraschende Wendung: Es war deshalb gerecht, weil die frühen Arbeiter das bekamen, womit sie von Anfang an einverstanden gewesen waren. Wenn der Landbesitzer den Spätgekommenen genau so viel geben wollte, dann hatte er die Freiheit dazu: „Habe ich nicht Macht zu tun, was ich will, mit dem, was mein ist? Siehst du scheel drein, weil ich so gütig bin?" (V. 15) Gott kann mit den Seinen umgehen, wie er will. Er kann großzügiger zu anderen sein als zu uns, und wir haben nicht das Recht, uns zu beklagen. Neid ist die Rebellion gegen seine Hoheitsgewalt.

Neid ist auch Sünde. Was wir besitzen, sei es viel oder wenig, ist Gottes Geschenk. Als Jesu Wirken Johannes den Täufer in den Hintergrund drängte, wurde dieser, sein leiblicher Verwandter, nicht neidisch, sondern sagte: „Ein Mensch kann nichts nehmen, wenn es ihm nicht vom Himmel gegeben ist" (Johannes 3,27). Neid basiert auf der Annahme, dass unsere Fähigkeiten und Gaben etwas sind, worauf wir ein Recht hätten.

Neid ist eine Sünde, die Gottes Güte und Souveränität angreift. Ein neidischer Mensch ist wie das Tongefäß, das dem Töpfer sagt, wie er zu töpfern hat. Francis Schaeffer schrieb, dass es keine bedeutenden und unbedeutenden Menschen gibt, nur geweihte und nicht geweihte Menschen. Ein Pastor sagte: „Als ich endlich die Tatsache annahm: Gott wollte nicht, dass ich berühmt wurde, begann ich seinen Segen zu erfahren."

Paulus lehrt uns, dass Gott selbst entscheidet, wo unser Platz in der Gemeinde ist: „Dies alles aber wirkt derselbe *eine* Geist und teilt einem jeden das Seine zu, *wie er will*" (1. Korinther 12,11; zweite Hervorhebung E.L.). Mit unseren Gaben unzufrieden zu sein bedeutet, mit unserem Gott unzufrieden zu sein.

Der Vergleich mit Gemeindeleitern oder Pastoren ist fast immer eine Sünde. Wir sollen nicht wie die Jünger sein, die fragten: „Wer ist der Größte im Himmelreich?" Tatsache ist, dass wir es nicht wissen. Es ist leicht zu erkennen, dass ein Wolkenkratzer höher ist als ein kleines Wohnhaus, doch wenn wir beide Gebäude an der Höhe eines fernen Sterns messen, besteht zwischen ihnen kein großer Unterschied. Gleichermaßen lösen sich die Unterschiede zwischen uns auf, wenn wir uns mit Jesus vergleichen.

Gott möchte, dass wir mit unserem Platz in seinem Weinberg zufrieden sind. Dass wir überhaupt in seinem Weinberg arbeiten dürfen, ist Beweis seine Gnade. Die zu beneiden, die noch mehr gesegnet sind, bedeutet, der Undankbarkeit und der Rebellion Raum zu geben.

Mose war vom Geist erfüllt. Doch durch das Leben von siebzig Ältesten, denen die Gabe der Prophetie gegeben war, vervielfachte Gott seinen Dienst. Zwei dieser Ältesten, Eldad und Medad, waren besonders begabt und prophezeiten im Lager. Als ein junger Mann zu Mose gerannt kam und ihm die Neuigkeit erzählte, sagte Josua: „Mose, mein Herr, wehre ihnen!" Aber Mose sagte – wie oben erwähnt – zu ihm: „Eiferst du um meinetwillen? Wollte Gott, dass alle im Volk des Herrn Propheten wären und der Herr seinen Geist über sie kommen ließe!" (4. Mose 11,28-29)

> „Als ich endlich die Tatsache annahm: Gott wollte nicht, dass ich berühmt wurde, begann ich seinen Segen zu erfahren."

Man kann einen Menschen, der sich am Erfolg anderer freut,

nicht zugrunde richten. Er hat die richtige Perspektive auf sich und seinem Gott. Er kann sich über die freuen, die erfolgreicher sind. Er ist selbst für die kleinsten Gelegenheiten zu dienen dankbar, weil er das Staunen über die Fürsorge Gottes nicht verlernt hat. Und ein ehrliches Lächeln wird auf seinem Gesicht erscheinen, wenn man ihm erzählt, dass sein Bruder zum Bischof von Alexandria ernannt wurde.

10
Wege aus einem Burnout

Einen Hausmeister hörte man sagen: „Das Gebläse funktioniert noch, aber das Feuer ist ausgegangen." Er diskutierte gerade ein Problem bei der Heizung, doch das Gemeindeglied, das ihn hörte, dachte, dass er den Pastor meinte.

Eine Definition von Burnout („Ausgebranntsein") lautet: „ein Syndrom von emotionaler Erschöpfung, Persönlichkeitsverlust und verminderter persönlicher Leistung, das besonders bei Personen auftreten kann, die auf irgendeine Weise ‚mit Menschen arbeiten'". Zu den Symptomen gehören völlige Erschöpfung, Müdigkeit trotz ausreichenden Schlafpensums, Interesselosigkeit an der eigenen Arbeit und eine pessimistische, kritische Einstellung, die oft von einem inneren Rückzug, Depressionen und dem Gefühl der Nutzlosigkeit begleitet wird.

Nach Archibald D. Hart, dem Leiter des Psychologischen Seminars am Fuller Theological Seminary, kann Burnout hingegen auch nützlich sein – als Warnung, dass etwas schiefgelaufen ist. Wenn jemand Gefahr läuft, an Stress kaputtzugehen, kann ein Burnout diesen Prozess unterbrechen und ihn aus dem destruktiven Umfeld holen.

„Er wird Sie sofort verlangsamen und in einen Zustand von Lethargie und Gleichgültigkeit versetzen", sagt Hart. „Das System ‚versagt', bevor es ‚explodiert'."

Wo Stress durch übermäßiges Engagement entstanden ist, sind ein innerer Rückzug, Sinnverlust und Hoffnungslosigkeit typische Kennzeichen eines Burnouts. Egal, was der Betroffene tut, der Lohn erscheint zu gering, um sich dafür anzustrengen. Depressionen können die Folge sein.

Ursachen für einen Burnout

Eine Studie weist darauf hin, dass ein Drittel der beobachteten Pastoren erwogen hatte, ihren Dienst wegen eines Burnouts aufzugeben. Obwohl ein Burnout in allen Berufen auftreten kann, sind Geistliche besonders gefährdet. Ein Grund dafür kann ein Rollenkonflikt sein.

Von uns wird erwartet, gleichzeitig ein guter Prediger, Seelsorger und Organisator zu sein, über Öffentlichkeitsarbeit Bescheid zu wissen und die besondere Gabe zu haben, Menschen zu lieben und das in unseren Beziehungen zu zeigen. Wenn das Erfüllen dieser Aufgaben nicht „belohnt" wird, kann die Belastung, die durch diese Erwartungen entsteht, zu einem Gefühl von Sinnlosigkeit und Verzweiflung führen. Weil die Leute vor allem deshalb zum Pastor kommen, um etwas zu *erhalten* – und weniger, um etwas zu *geben* –, können emotionale Reserven leicht aufgebraucht werden.

Zweitens ist der Pastor in seinem Kampf oft allein. Während die Gemeindeglieder mit ihm offen über ihre Probleme reden können, kann er mit ihnen nicht dasselbe tun. „Pastoren fragen sich, ob ihnen jemand einen Knüppel zwischen die Beine werfen könnte, wenn sie sich öffnen, indem sie die Spannungen ihres Pfarrberufs offen zugeben. Folglich fällt es dem Geistlichen oft sehr schwer, in seiner Arbeit ein Gegenüber zu finden, das nicht der Ehepartner ist."[9]

Wenn die Ehe des Pastors zu scheitern droht oder wenn seine Kinder in einer extrem schwierigen Phase sind, fühlt er sich gefangen und unfähig, sich selbst aus seinem seelischen Tief zu befreien. Bald fragt er sich, wie er anderen helfen kann, wenn er sich selbst als Versager fühlt.

Wir alle haben Minderwertigkeitsgefühle. Und es hilft uns nicht, wenn wir mit einem allseits beliebten Konferenzredner verglichen werden. Während die Gemeinde mit unseren Fehlern vertraut ist, sieht sie bei den Predigern im Rundfunk und auf Konferenzen nur den Erfolg.

Wenn wir nur ein einziges Mal schlecht predigen, hat es gleich die ganze Gemeinde mitbekommen. Wenn wir bei einer Gemeinderatssitzung nur einmal die Beherrschung verlieren, wird es sofort herumerzählt. Bald haben wir den Eindruck, dass wir nicht geschätzt werden. Wer auf Kritik besonders sensibel reagiert, wird versuchen, Übermenschliches zu leisten, um es jedem recht zu machen. Wenn wir keinen adäquaten seelischen und geistlichen Lohn für unsere Anstrengungen empfangen, werden wir uns am Ende fragen, ob es das alles wert ist.

> Wir laufen Gefahr, mehr zu geben, als wir geistlich und seelisch geben können, um als erfolgreich zu gelten.

Dr. David Congo sagt, dass die Arbeit als Pastor entweder mit einem „Hamsterrad" oder mit einem „Staffellauf" verglichen werden kann. Beides erfordert eine Menge Energie, doch beim „Hamsterrad" fehlt der Sinn. Ein Staffellauf hingegen hat ein Ziel und eine festgelegte Strecke, erfordert Zusammenarbeit und Teamgeist. Der Pastor, der sich abstrampelt wie in einem Hamsterrad, fühlt sich oft als Opfer und gefangen in seiner Situation. Es ist schwer zu sagen, ob das der Grund für einen Burnout oder dessen Folge ist, doch es gibt in jedem Fall einen direkten Zusammenhang.

Congo zählt vier Persönlichkeitstypen auf, die Burnout-gefährdet sind:
- Menschen mit einem hohen Bedürfnis nach Anerkennung
- Workaholics
- nicht durchsetzungsfähige, passive „Opfer"
- Menschen mit einem „Messiaskomplex"[10]

Wir laufen Gefahr, mehr zu geben, als wir geistlich und seelisch geben können, um als erfolgreich zu gelten. Das Ergebnis kann innere Erfüllung sein. Oder genau das Gegenteil – Zorn und Desillusionierung.

Wenn sich ein Pastor nicht wertgeschätzt fühlt, kann es sein, dass er „aussteigt". Er steckt viele Verletzungen ein, und mit jeder wird sein Selbstwertgefühl schwächer. Das führt wiederum zu einer Haltung, die so zusammengefasst werden kann: „Warum solltest du mir wichtig sein, wenn ich dir nicht wichtig bin?" An diesem Punkt geht entweder „die Flamme aus", oder sie wird durch Zorn angeheizt und entwickelt sich zu einem zerstörenden statt reinigenden Feuer.

Es ist einfach eine Tatsache, dass viele Pastoren eine Wut empfinden, mit der sie sich nicht auseinander gesetzt haben und die sie nicht zugeben wollen. Diese Wut wird in Phrasen wie „heiliger Zorn" oder „geistlicher Ernst" gehüllt. Oft sind Pastoren wütend, weil sie sich als Kinder ihren Eltern nicht nahe fühlten, oder sie sind heute verbittert, weil ihr Dienst bisher hart und undankbar war. Nach ihrem Empfinden deckt der „Lohn" die Ausgaben nicht.

Heilmittel gegen Burnout

Was ist das richtige Heilmittel? Der Rat lautet gewöhnlich etwa so: Man solle regelmäßig Sport treiben, genügend ausruhen, einen Urlaub nehmen und seine Prioritäten neu ordnen. Diese Vorschläge tragen zweifellos zu einer Genesung bei, aber die Wurzeln des Problems liegen meist tiefer.

Wer von uns hat sich nicht schon Zeit zum Entspannen gegönnt – und festgestellt, dass er nicht entspannen konnte, weil ihn Gefühle von Schuld und Versagen plagten? Was ist mit der Besorgnis, mit der wir der nächsten Sitzung des Gemeinderats entgegensehen, in der ein neuer Vorschlag von uns diskutiert werden soll? Wie können wir unseren Urlaub genießen, wenn wir fürchten müssen, dass ein Mitglied des Gemeinderats während unserer Abwesenheit unsere Leitung untergräbt?

Es gibt einen besseren Weg.

In unserem Umgang mit Burnout geht es zunächst darum, nicht von außen, sondern von innen gesteuert zu werden. Wir müssen damit zufrieden sein, den Willen Gottes zu tun, und uns nicht zu abhängig von der Meinung der Leute machen. Das kann bedeuten, dass man auf eine Einkehrwoche fährt oder sich sogar für eine Zeit lang vom Dienst freistellen lässt, um sein Leben neu zu ordnen. Denn nur in der stillen, inneren Welt finden wir Gott, finden schließlich die richtige Antwort für unser Leben. Vergessen wir nicht, dass ein Burnout etwas ist, das wir uns selbst zufügen, und nur in zweiter Linie etwas, das der Dienst als Pastor „mit uns macht".

In seinem Buch *Ordne dein Leben* beschreibt Gordon MacDonald den Unterschied zwischen einem Menschen, der getrieben wird (wie König Saul), und einem, der gerufen wird (wie Johannes der Täufer). Ein getriebener Mensch kann nur durch eigene Leistungen und ihre Symbole zufriedengestellt werden. Er neigt zu vulkanartigen Wutausbrüchen, die jederzeit auftreten können, wenn er auf Widerstand oder Untreue stößt. Wenn er seine Ziele in seiner öffentlichen Aufgabe nicht erreichen kann, ist er desillusioniert, denn sein Privatleben ist leer und unerfüllt geblieben.

Johannes der Täufer erkannte, dass die Menschenmengen ihm nicht gehörten. Er übte seinen Dienst so aus, wie der Herr es wollte. Er brauchte das Hochgefühl nicht, das durch öffentliche Anerkennung entsteht, und überschätzte sich nicht. Auch wenn er vielleicht versucht war, sich für einen großartigen Prediger zu halten, wies er die Menge zu Christus: „Er muss wachsen, ich aber muss abnehmen" (Johannes 3,30).

Johannes' Zufriedenheit beruhte nicht auf seiner Karriere. Er konnte nur in seiner inneren Welt Stabilität finden. Pastoren, die ihre innere Welt vernachlässigen, machen bald die Erfahrung, dass sie die Last der äußeren Erwartungen nicht länger tragen können.

Ein Burnout kann uns daran erinnern, unser inneres Leben zu

fördern. Wenn wir in der Stille vor Gott sind und um seine Führung in den Bereichen bitten, die wir vernachlässigt oder in denen wir versagt haben, könnte das genau die Erfahrung sein, die wir brauchen. Vielleicht werden diejenigen von uns, die „auf zu vielen Hochzeiten getanzt haben", entdecken, dass sie nicht dazu berufen sind, die Welt zu retten. Wir müssen nicht den Erwartungen der Gemeinde gerecht werden. Wir können damit zufrieden sein, innerhalb der Grenzen unserer Gaben und Fähigkeiten treu zu dienen.

> Wir müssen nicht den Erwartungen der Gemeinde gerecht werden. Wir können damit zufrieden sein, innerhalb der Grenzen unserer Gaben und Fähigkeiten treu zu dienen.

1749 entschied sich Jonathan Edwards dafür, mit der Tradition seiner Zeit zu brechen und darauf zu bestehen, dass nur diejenigen, die sich eindeutig bekehrt hatten, am Abendmahl teilnehmen durften. Als er seine Ansichten in einem Buch verteidigte, lasen es wenige. Stattdessen ereiferten sich erboste Gemeindeglieder über diese Sache und bekamen genug Unterstützung, um Edwards Widerstand zu leisten. Sie machten ihm öffentlich Vorwürfe und beschuldigten ihn, mehr Sorge um sich selbst als um das Wohl seiner Gemeinde zu tragen. Sie hielten in seiner Abwesenheit Sitzungen ab und hatten bald überall Unfrieden gestiftet.

Schließlich traf sich am 19. Juni 1750 ein Beratungsgremium, mit Abgeordneten aus vielen Gemeinden, das empfahl, die Beziehung zwischen Edwards und seiner Gemeinde zu beenden. Als die Gemeinde selbst darüber abstimmte, blieben viele von Edwards' Anhängern fern. Schließlich stimmten 230 Gemeindeglieder für und etwa 29 Leute gegen seine Entlassung. Die Tat war vollbracht.

Wie nahm Edwards diese harte und unfaire Entscheidung an? Ein guter Freund, der ihn in dieser Zeit erlebte, schrieb: „Dieser treue Zeuge akzeptierte den harten Schlag, ohne davon gebeutelt zu werden. Ich sah während der ganzen Woche nie auch nur die geringsten Anzeichen von Missfallen auf seinem Antlitz, sondern *er erschien mir wie ein Mann Gottes, dessen Glück für seine Feinde unerreichbar war* und dessen Schatz nicht nur ein zukünftiges, sondern ein gegenwärtiges Gut war, welches alle erdenklichen Übel seines Lebens überwog – selbst zum Erstaunen der vielen, die nicht ruhten, bis er entlassen war"[11] (Hervorhebung E.L.).

Natürlich tat es weh. Ja, Edwards fühlte sich von seinen Freunden verraten und einsam in seiner „Trennung von den Menschen, zwischen denen und mir einmal die größte Einheit bestand". Doch er sah darin auch die Führung Gottes. Gott würde ihn dazu gebrauchen, als Missionar unter den Indianern zu wirken und Bücher zu schreiben, die einer zukünftigen Generation helfen würden.

Jahre später gab einer seiner damaligen Gegner zu, dass der wahre Grund für den Widerstand gegen Edwards Stolz gewesen war. „Ich erkenne jetzt, dass ich durch großen Stolz, Selbstzufriedenheit, Ehrgeiz und Eitelkeit stark beeinflusst worden war." Doch nun war es zu spät.

Ich bin zu dem Schluss gekommen, dass Edwards die ungerechte Behandlung in seiner Gemeindearbeit annehmen konnte, weil er *sein Glück in Gott gefunden hatte – unerreichbar für seine Feinde.* Viele Jahre später formulierte Martin Lloyd-Jones es so: „Dein Glück sollte nicht von deinem Predigen abhängen, denn der Tag wird kommen, an dem du nicht mehr predigen kannst. Finde dein Glück in Gott, der bis zum Ende bei uns sein wird."

> Finde dein Glück in Gott, der bis zum Ende bei uns sein wird.

Zweitens geht es im Umgang mit dem Burnout darum, sich guten Freunden anzuvertrauen. Jeder Pastor sollte mehrere Menschen haben, vielleicht außerhalb seiner Gemeinde, mit denen er ehrlich über seinen Kampf reden kann. Wir alle brauchen Freunde, die uns annehmen und denen wir vertrauen können, die gut zuhören und mit Hingabe für uns beten.

An Tagen, an denen unsere Gefühle schwanken, wird alles verzerrt. Wir brauchen unbedingt die Perspektive derer, die ihr seelisches Gleichgewicht behalten haben. Gesegnet ist der Pfarrer, der sich während seiner emotionalen Krisen zumindest einigen Freunden öffnen kann.

James B. Scott erlebte einen Burnout und gab den Dienst in seiner Gemeinde auf. Er schrieb: „Wenn ein Traum stirbt, ist nichts schlimmer als das Gefühl des Verlustes und die Angst davor, nicht zu wissen, ob irgendetwas diesen Traum jemals ersetzen wird." Doch letztendlich erkannte er, dass sein Dienst in Gottes Händen stand, nicht in seinen. Er fuhr fort: „Zerbrochensein und Heilung hat durch Gottes Kraft in meinem Leben Unerwartetes hervorgebracht. Es ist merkwürdig, wie der Schmerz des Zerbrochenseins auf wunderbare Weise Erfüllung, das Gefühl von Stärke und unerwartete Kräftereserven hervorbringen kann."[12]

Viele von uns haben es nötig, die innere Kraft Gottes noch einmal zu erleben. In seiner Gegenwart müssen wir in unserem Inneren Sinn und Gelassenheit finden, anstatt durch Anerkennung von außen aufrechtgehalten zu werden. Gott will, dass wir erfahren: Unsere Freude kommt von ihm und weniger von der unvorhersehbaren, oft widersprüchlichen Haltung der Menschen.

> Gesegnet ist der Pfarrer, der sich während seiner emotionalen Krisen zumindest einigen Freunden öffnen kann.

Manchmal können wir die Ursache eines Burnouts nicht klar benennen. Trotzdem müssen wir es als einen Hinweis Gottes darauf interpretieren, dass wir unsere Aufmerksamkeit auf unser inneres Leben lenken müssen. „Durch Stillesein und Hoffen würdet ihr stark sein" (Jesaja 30,5). C. S. Lewis sagt, dass der Herr uns in unserem Leiden laut etwas zuruft; er spricht auch in einem emotionalen Tief zu uns.

Jesus zeigte eine innere Zufriedenheit, die ihn befähigte, mit den Belastungen seines Dienstes fertig zu werden. Als sich eine große

Menschenmenge versammelte, um ihn zu hören, enttäuschte er sie, indem er in eine andere Stadt ging und sie wartend zurückließ (Markus 1,37-38). Als er erfuhr, dass Lazarus krank war, ließ er sich noch zwei Tage Zeit, weil er wusste, dass der Wille Gottes trotz der Enttäuschung von Maria und Marta erfüllt werden würde (Johannes 11,6).

Christus schien es nie eilig zu haben, weil es ihm nur darum ging, seinem Vater zu gefallen. Wir können von ihm lernen, dass es wichtig ist, das Spiel für den Trainer zu spielen und nicht für den launischen Applaus der Fans.

> Wir können von Jesus lernen, dass es wichtig ist, das Spiel für den Trainer zu spielen und nicht für den launischen Applaus der Fans.

Ein Burnout kann ein Hinweis darauf sein, dass neue Leidenschaft für Gott in unserem Herzen wachsen muss. Der Gott des Elia kann auch nasses Holz entzünden, wenn es in Unterwerfung und voller Erwartung vor ihn hingelegt wird.

Ein Burnout muss keinesfalls zum Dauerzustand werden, wenn wir bereit sind, darauf zu warten, dass Gott die Flamme neu entzündet.

11
Die Kirche und die Welt – wer beeinflusst wen?

Kürzlich haben Gallup-Umfragen widersprüchliche Trends in der amerikanischen Gesellschaft aufgedeckt: Religion ist im Aufwärtstrend, wie allerdings auch Kriminalität und Unmoral. Für George Gallup ist es „ein riesiges Paradoxon, dass in der Religion sogar zu einer Zeit, in der das Land von ansteigender Kriminalität und anderen Problemen bedroht wird – die im Gegensatz zur Frömmigkeit stehen –, klare Anzeichen von Erweckung zu erkennen sind."

Bei einer überregionalen Leitertagung der „Southern Baptists" sagte Gallup: „Wir haben herausgefunden, dass es im ethischen Verhalten kaum einen Unterschied gibt zwischen Kirchgängern und Menschen, die nicht religiös aktiv sind. Lügen, Betrügen und Stehlen kommt erstaunlicherweise in beiden Gruppen in etwa gleichem Maße vor."

Acht von zehn Amerikanern würden sich als Christen bezeichnen, stellte Gallup fest, jedoch nur die Hälfte von ihnen könne sich mit der Person identifizieren, die die Bergpredigt hielt, und noch weniger könnten sich an wenigstens fünf der Zehn Gebote erinnern. Nur zwei von zehn gaben an, dass sie bereit seien, für ihren Glauben zu leiden. Viele christliche Studenten hätten im Stillen eine Abmachung mit sich getroffen, ihren Glauben nicht weiterzusagen, um so zum politisch korrekten Programm der Universität zu passen. Deshalb wäre ihnen der Universitätsabschluss wichtiger, als von Christus zu erzählen und dafür einen Anpfiff zu riskieren.

Anders als in der frühen Kirche hielten wenige Christen es für eine Ehre, für den Retter der Welt zu leiden.

Was ist das für ein Urteil über die amerikanischen Christen, wenn die Religion Zulauf erhält, während die Moral abnimmt! Wir sollten uns nicht damit herausreden, dass die Mehrheit der Befragten wahrscheinlich keine wiedergeborenen Christen sind. Innerhalb der evangelikalen Welt gibt es einen beunruhigenden Hang dazu, ein Christsein zu akzeptieren, das keine radikale Umkehr für ein Leben mit Gott fordert.

Auf Grund unseres begrenzten Wissens über die Kirchengeschichte erkennen viele Evangelikale nicht, dass die Kirche meistens eine Insel der Gerechtigkeit im Meer des Heidentums gewesen ist. Die frühen Christen hatten nicht das Glück einer sympathisierenden Kultur oder Regierung. Sie erwarteten Verfolgung und wurden verfolgt. Wir stellen fest, dass es schwer ist, leidensbereite Heilige zu bekommen, wenn wir uns an ein Leben im Wohlstand gewöhnt haben.

Religion „à la carte"

Wie jemand, der sich religiös nennt, suchen wir uns aus, was wir glauben wollen und wie wir handeln werden, ohne uns besonders darum zu kümmern, was die Bibel sagt. „Millionen Protestanten, darunter viele Evangelikale, wählen und wechseln ihre Gemeinden wie ihre Fluggesellschaften – damit das Reisen komfortabler und preiswerter wird", schrieb F. H. Henry über die Situation in den USA. Wir möchten, genau wie die Welt, eine Religion „à la carte".

Wie erklärt sich das? Seitdem das evangelikale Christsein vor ein paar Jahrzehnten beliebt wurde, haben es sich viele Menschen herausgenommen, sich damit zu identifizieren, ohne es sich etwas kosten zu lassen. Das Christsein ist nicht mehr mit einem Stigma belegt, aber gleichzeitig hat es auch an Kraft verloren.

Innerhalb des evangelikalen Lagers gibt es den wachsenden Trend, es sich bequem zu machen – das aus der Bibel herauszusuchen, was uns gefällt, und den Rest zu vergessen. Wir sind so gefangen im Geist unseres Zeitalters, dass wir wie ein Chamäleon ständig unsere Farbe wechseln, um uns der neuesten weltlichen Schattierung anzupassen.

Wenn Aktivisten, die für die Rechte der Homosexuellen eintreten, argumentieren, dass Homosexualität nur eine „alternative sexuelle Präferenz" sei, hören wir davon, dass amerikanische Evangelikale in Büchern die Meinung vertreten, dass die Bibel gelebte Homosexualität nicht verurteilt. Sie sagen, dass die entsprechenden Passagen aus dem Alten Testament Teil des Gesetzes sind, das heute nicht mehr gilt, und dass Paulus nur diejenigen verurteilte, die sich für Homosexualität entschieden hatten, und nicht diejenigen, die homosexuell veranlagt waren.

Wenn das Land von einer sozialistischen Stimmung erfasst wird, gibt es Christen, die dafür sind, die marxistische Theorie anzuwenden, um den Wohlstand neu zu verteilen.

Ich stimme zu, dass wir unser Verständnis von der Bibel in Bezug auf die heutigen Themen prüfen müssen. Doch wenn wir unser Fähnchen nach dem Wind hängen, werden wir von unserer Kultur so gefangengenommen werden, dass wir ihr nichts mehr zu sagen haben. In unserem Eifer, relevant zu sein, werden wir unsere prophetische Stimme verlieren.

Ich werde da an den Jungen erinnert, der einen Kanarienvogel kaufte und ihn zu einem Spatzen in den Käfig setzte, in der Hoffnung, der Spatz würde singen lernen. Nach drei Tagen gab er frustriert auf. Der Spatz klang nicht wie ein Kanarienvogel – statt dessen klang der Kanarienvogel genau wie ein Spatz.

In seinem Buch *Die große Anpassung: der Zeitgeist und die Evangelikalen* sagt Francis Schaeffer: „Dies ist die große Niederlage der

Evangelikalen: dass die evangelikale Welt darin versagt hat, für die Wahrheit als Wahrheit einzutreten ... Die Evangelikalen haben sich an den weltlichen Zeitgeist angepasst."[13]

Wie sehr wir auch bei dem Theologen Rudolf Bultmann bemängeln, dass er die Stellen der Bibel umdeutete, die ihm nicht in seine Vorstellungen passten, tun wir doch dasselbe, wenn es darum geht, die biblische Wahrheit umzusetzen. In unseren Handlungen zeigt sich, dass wir die Autorität der Schrift nicht anerkennen und meinen, selbst am besten zu wissen, was der Schrift nach richtig ist.

Was kommt dabei heraus, dass wir uns – wie es uns gerade passt – Häppchen vom biblischen Büfett herauspicken? Die Gesellschaft wird von Trends überrollt, mit Pornographie überschwemmt und durch „Abtreibung auf Wunsch" zerstört.

Die Scheidungsrate ist innerhalb der Kirche fast genau so hoch wie außerhalb. Sexuelle Perversionen jeglicher Art finden sich gleichermaßen innerhalb wie außerhalb der Kirche. Wie Gallup behauptet, ist das ethische Verhalten derer, die zur Kirche gehen, und derer, die das nicht tun, in den USA auffallend ähnlich.

Die neue Philosophie: „Gott möchte, dass du reich, glücklich und gesund wirst", hat eine Generation angesprochen, die nur den Nutzen des Christseins und nicht den damit verbundenen schmerzlichen Gehorsam akzeptiert. Wie ein Kind, das vor einem Spielautomaten steht und hofft, durch eine einzige Münze den Jackpot zu knacken, erwarten viele Kirchgänger, dass sie durch minimales Engagement den maximalen Gewinn erhalten. Wenn sie nicht geheilt oder nicht befördert werden, packen sie ihre Sachen und gehen anderswohin.

Unsere Antwort

Wie sollen wir auf eine solche Einstellung reagieren? Vielleicht müssen wir damit anfangen, zu der Botschaft zurückzukehren, die wir im Neuen Testament finden. Viele von uns sind das Konzept „Erneuerung durch Entscheidung" leid, wodurch Menschen für gerettet erklärt werden, weil sie nach vorn gekommen sind oder ein Entscheidungskärtchen ausgefüllt haben. Wir vergessen die Worte Christi: „Alle Pflanzen, die mein himmlischer Vater nicht gepflanzt hat, die werden ausgerissen" (Matthäus 15,13).

> Nur wenn wir die Rettung als ein Werk Gottes in seiner allmächtigen Gnade betrachten, werden wir ihre Auswirkungen und ihre verändernde Kraft wertschätzen.

Ich meine damit nicht, dass wir Bedingungen an das freie Angebot des Evangeliums knüpfen sollten, sondern wir sollten nicht annehmen, dass Menschen erneuert sind, weil sie es behaupten oder weil sie eine unserer Voraussetzungen erfüllt haben. Der Unterschied zwischen Christen und Nichtchristen wird klarer, wenn wir erkennen, dass nur diejenigen, die von Gott gerufen sind, zu ihm kommen werden. Nur wenn wir die Rettung wieder als ein Werk Gottes in seiner allmächtigen Gnade betrachten, werden wir ihre Auswirkungen und ihre verändernde Kraft wertschätzen.

Wir müssen die Gemeinde lehren, dass das Leben als Christen sowohl Privilegien als auch Verantwortung mit sich bringt. Unser Kreuz auf uns zu nehmen heißt: bereit sein zu leiden, weil wir zu Christus gehören. Konkret: Wir müssen die Sünde des „Egokultes", des Individualismus aufdecken, die die Kirche infiziert hat.

Dabei ist uns Jesus in seiner Haltung ein Vorbild: Er hatte nicht an sich selbst Gefallen, sondern erniedrigte sich selbst und war gehorsam bis zum Tod (Römer 15,3; Philipper 2,7-8). Er tat es für uns, doch was noch wichtiger ist: Er tat es für Gott.

Wir müssen auch lernen, dass selektiver Gehorsam die Autorität Gottes leugnet. Wir sind wahrscheinlich alle schon in Versuchung geraten, jemanden aus der Gemeinde, der massiv gegen die Gebote verstieß, nicht mit dem Wort Jesu zu konfrontieren, aus Angst vor Kritik, dem Vorwurf von Inkonsequenz oder einem möglichen Krach in der Gemeinde. Doch fördert unsere gutmeinende Nachlässigkeit das Werk Christi?

Weil wir gegenwartsbezogen, liebevoll und tolerant erscheinen wollen, schwächen wir die Wirkung des Evangeliums. Kein Wunder, dass mir ein Mitglied einer großen evangelikalen Gemeinde sagte: „Ich kann mich nicht erinnern, wann sich das letzte Mal jemand bei uns bekehrt hat."

Als Pastoren sollten wir nicht vergessen, dass nicht wir es sind, die festlegen, was wir predigen sollen, wer in unserer Gemeinde wieder heiraten kann oder was ein gutes Zuhause ausmacht. Nicht wir entscheiden, ob wir bei der Auswahl des Fernsehprogramms kritisch sein sollen, wie viel wir spenden oder ob wir unseren Nachbarn von Jesus erzählen sollen. Wir sind Diener Jesu Christi und verpflichtet, in der Schrift zu forschen, denn dann „wird man dir sagen, was du tun sollst" (Apostelgeschichte 9,6).

George Gallup ist optimistisch. Er glaubt, dass ein neues religiöses Bewusstsein in Amerika – wenn es in der richtigen Weise gefördert wird – noch mehr überzeugte Christen in die Kirchen bringen kann. Doch ich fürchte, dass das nicht passieren wird, solange die Trennlinie zwischen der Kirche und der Welt weiterhin verwischt ist. Wir haben uns weit von der frühen Kirche entfernt, wo die Menschenmenge von Scheu ergriffen wurde und „keiner wagte, ihnen zu nahe zu kommen" (Apostelgeschichte 5,13).

> Nicht die Menschen, die behaupten, Christen zu sein, werden unser Land verändern, sondern diejenigen, die den Preis akzeptieren und wirklich als Christen leben.

Die Millionen, die ihre Religion „à la carte" genießen, werden eines Tages entdecken, dass sie die falsche Speisekarte hatten. Nur diejenigen, die den Preis des Gehorsams bezahlen, können das nahrhafte Brot des Himmels schmecken.

Es sind nicht die Menschen, die behaupten, Christen zu sein, die unser Land verändern werden. Es sind diejenigen, die den Preis akzeptieren und wirklich als Christen leben.

12
Müssen wir Psychologen sein, um Seelsorge zu üben?

Ist ein Pastor ohne psychologische Ausbildung dazu qualifiziert, Seelsorger für seine Gemeinde zu sein, oder muss er sich darauf beschränken, sie nur in geistlichen Dingen zu beraten und die schwierigeren Fälle an Fachleute zu verweisen?

Viele Absolventen von Bibelschulen meinen, dass sie erst Seelsorge üben könnten, wenn sie an einer Universität in Psychologie promoviert hätten. Sie glauben, dass sie ihr Bibelschulwissen mit einer psychologischen Ausbildung kombinieren müssen, um so gut wie möglich zu sein. Doch Psychologen und Theologen streiten sich darüber, wie weit sich psychologisches Wissen erfolgreich mit der Bibel vereinbaren lässt.

Ich persönlich betrachte den Versuch, beides zu kombinieren, eher skeptisch. Die Seelsorge hat ihre ganz eigenen Chancen, denn sie versteht die Bedürfnisse des Menschen von der Bibel her und gebraucht die Heilmittel Gottes, die sie in der Schrift findet. Petrus schreibt, dass uns die göttliche Macht unseres Herrn „alles, was zum Leben und zur Frömmigkeit dient ..." geschenkt hat, „durch die Erkenntnis dessen, der uns berufen hat durch seine Herrlichkeit und Kraft" (2. Petrus 1,3).

Paulus schreibt: „Denn in ihm wohnt die ganze Fülle der Gottheit leibhaftig und an dieser Fülle habt ihr teil in ihm, der das Haupt aller Mächte und Gewalten ist" (Kolosser 2,9-10). Das lässt wenig Platz für die Anwendung der Methoden säkularer Psychologie, wenn man Christen helfen will, zu seelischer und geistlicher Ganzheit zu finden.

Mir ist wohl bewusst, dass die Frage der Vereinbarkeit komplizierter ist, als es zunächst aussehen mag. Es ist leicht zu behaupten, dass wir nur die Bibel verwenden und all das ignorieren sollen, was wir aus der Psychologie lernen könnten. Dank menschlicher Begabung sind jedoch auch Menschen, die nicht die Bibel lesen, schon ab und zu auf biblische Weisheiten gekommen. Deshalb kann uns die Psychologie möglicherweise dabei helfen, die Notlage eines Menschen zu verstehen. Sie kann uns bei der Analyse helfen. Doch wir müssen einsehen, dass sie begrenzt ist und unter Umständen in die Irre führt.

Larry Crabb schlägt in seinem Buch *Die Last des andern: biblische Seelsorge als Aufgabe der Gemeinde* vor, „die Ägypter zu plündern" – das heißt, dass wir uns die Einsichten, Prinzipien und Methoden der Psychologie aneignen sollten, die sich mit der Schrift vereinbaren lassen, um effektiver zu arbeiten. Ich schätze seine Empfehlung, die säkularen Theorien auf die Probe zu stellen, damit wir das annehmen, was biblisch ist.[14]

Interessanterweise ist Crabb in seinen jüngsten Veröffentlichungen zu dem Schluss gekommen, dass professionelle Seelsorger oft nicht die Ergebnisse vorweisen können, die man ihnen zuschreibt. Er glaubt, dass das, was zerbrochene Menschen am meisten brauchen, die Liebe und Unterstützung der Gemeinde ist. Wenn unser Körper eine Wunde hat, hat er die Kraft, sich selbst zu heilen. Genauso hat eine gesunde Gemeinde die Kraft, ihren zerbrochenen Gliedern Heilung zu bringen.

> Was zerbrochene Menschen am meisten brauchen, ist die Liebe und Unterstützung der Gemeinde.

Crabb sagt, man sollte in Demut akzeptieren, dass manche Glieder des Leibes nicht geheilt werden können, bis sie im Himmel sind. In der Tat sollte es niemals unsere *oberste* Priorität sein, dass unsere seelischen Bedürfnisse erfüllt werden, sondern dass wir Gott ehren. Deshalb gehen Seelsorge-Theorien oft in die falsche Richtung. Wir müssen zu der Überzeugung zurückkehren, dass unser Verlangen nach Gott größer ist als unser Verlangen, „wieder in Ordnung zu kommen". In

Crabbs Worten: „Unser Plan ist, die Welt zu ‚reparieren', damit sie sich wirklich um uns kümmern kann. Gottes Plan ist es, alle Dinge in Christus zu vereinen, bis sich jedes Knie vor ihm beugt."

Während säkulare Theorien vielleicht das Leid eines Menschen lindern können und rein psychologische Einsichten jemandem helfen, mit seinen Verletzungen umzugehen, zählt am Ende allein die Beziehung des Menschen zu Gott. Ein guter Seelsorger wird daher immer die Ewigkeit im Blick haben.

Seelsorge hilft Menschen dabei, Gottes Lösung für ihre Probleme zu finden. Durch sie geschieht eine Umorientierung des Menschen auf das, was in Ewigkeit zählt.

Ein biblischer Ansatz

Wir sind heute vielfach geneigt, Seelsorge als eine spezielle Form von Psychologie anzusehen. Eine bekannte Geschichte aus dem Alten Testament verdeutlicht jedoch, dass oft nur eine Glaubenserkenntnis zur Wurzel eines Problems und zu einer Heilung führt. In Josua 7 verlor Israel etwa sechsunddreißig Männer, als es versuchte, Ai zu erobern. Was würde ein säkularer Analytiker über diese schmachvolle Niederlage sagen? Dass das Heer die falsche Taktik angewandt hatte? Dass die Waffen veraltet waren? Dass zu wenige Männer in den Kampf geschickt worden waren?

Erstaunlicherweise hatten militärische Strategien nichts mit der Niederlage der Israeliten zu tun. Gott sagte, der Grund dafür war, dass ein Mann, Achan, einige Gegenstände aus Kriegsgut, das Gott gebannt hatte, gestohlen und in seinem Zelt versteckt hatte (Josua 7,10-12). Die Sünde eines Mannes wurde anderen zum Verhängnis. Gott stellte ein Ursache-Wirkung-Prinzip auf, das sich wissenschaftlicher Analyse widersetzt. Ein weltlicher Mensch kann die wahre Natur eines Problems oft nicht erkennen, wenn die Ursache ganz und gar außerhalb seiner Überlegungen liegt. Geistliche Ursachen werden nur von denen erkannt, die aus der Bibel gelernt haben, wie Gott ist und wie er mit den Menschen umgeht. Wenn ich die Geschichte Achans erzählt hätte, hätte ich gesagt: „Achan sündigte." Doch es heißt von Gott: „Da entbrannte der Zorn des Herrn über die Israeliten" (Josua 7,1).

Israel war eine geistliche Gemeinschaft, die durch einen Bund mit Gott zusammengehalten wurde. Der Segen dieses Bundes und auch die Konsequenzen von Verstößen dagegen wirkte sich auf die ganze Gemeinschaft, ja auf die unmittelbaren Nachkommen aus: „Ich, der Herr, dein Gott, bin ein eifernder Gott, der die Missetat der Väter heimsucht bis ins dritte und vierte Glied an den Kindern derer, die mich hassen" (2. Mose 20,5).

Als Ham über seinen betrunkenen Vater Noah spottete, wurde sein Sohn Kanaan verflucht (1. Mose 9,25). Dämonen können eine ganze Sippe quälen; folglich kann auch ein Kind dadurch geplagt werden (Markus 9,20-21). In solchen Fällen muss der Einfluss der Eltern und Großeltern durchbrochen werden. Vielleicht bekannten die Israeliten deshalb die Sünden ihrer Väter (Nehemia 9,2).

Umgekehrt kann ein Segen vom gottesfürchtigen Leben eines Vorfahren kommen. Der Herr erweist „Barmherzigkeit an vielen Tausenden", die ihn lieben und seine Gebote halten (2. Mose 20,6). Salomo wurde um seines Vaters David willen von Strafe verschont (1. Könige 11,12). Laban wurde wegen Jakob gesegnet (1. Mose 30,27). Und ein Nichtchrist kann durch einen christlichen Ehepartner am geistlichen Segen teilhaben (1. Korinther 7,14).

Im Hinblick auf die Gemeinde schreibt Paulus: „Und wenn *ein* Glied leidet, so leiden alle Glieder mit, und wenn *ein* Glied geehrt wird, so freuen sich alle Glieder mit" (1. Korinther 12,26). Hier wird wieder deutlich, dass unser Leben mit dem Leben anderer verknüpft ist. Nicht *ein* Teil des Leibes kann leiden, ohne dass der ganze Leib dadurch betroffen ist.

Doch glücklicherweise ist auch wahr: Je gesünder der Leib ist, desto wahrscheinlicher ist es, dass er seinen leidenden Gliedern Heilung bringt. Diese Solidarität hilft uns, die Konsequenzen von Sünde und den Weg der Heilung klarer in den Blick zu bekommen.

Eine gut reflektierte Kenntnis der Schrift zusammen mit einem mitfühlenden Herzen, kann unter der Führung des Heiligen Geistes dafür eingesetzt werden, die Wurzel von Problemen aufzudecken, bei denen ein rein psychologischer Ansatz nicht greift. Dabei ist es wichtig, nicht zu vergessen, dass es für kein Problem ein Patentrezept gibt.

Die Selbstheilungskräfte des Leibes Christi

Wenn ein Mitchrist in eine Sünde fällt, sind wir vielleicht mitverantwortlich. Wenn ein Glied geistlich erkaltet ist, sinkt die Temperatur auch bei denen, die in seiner Nähe sind. Wenn ich stolpere, kann ich auch dich zu Fall bringen. Wir sind in unseren Niederlagen vereint.

Wenn die Gemeinde ihre Stärke durch den ganzen Leib fließen lässt, wirkt die Kraft Gottes. Christen überwinden Depressionen, vergeben Eltern, die sie missbraucht haben, und entwickeln ein gesundes Selbstbild, wenn der Leib sie mit Liebe und Annahme versorgt. Gebrochene Menschen können zu geheilten Persönlichkeiten werden – in einer Gemeinschaft mit Menschen, die sich der Nöte anderer annehmen.

> Gebrochene Menschen können zu geheilten Persönlichkeiten werden – in einer Gemeinschaft mit Menschen, die sich der Nöte anderer annehmen.

Keiner wird mit einer distanzierten Haltung Seelsorge üben, wenn ihm bewusst ist, dass Versagen unsere gemeinsame Erfahrung ist. Wenn eine Familie zerbricht, leiden wir alle. Meine erste Reaktion auf die Niederlage eines Christen sollte sein, mein eigenes Herz zu prüfen.

Ein solches Verständnis der Schrift entlässt jedoch den Einzelnen nicht aus der Verantwortung. Wir werden durch das Verhalten anderer nicht gesteuert. Gott gibt Eltern Einfluss und gleichzeitig persönliche Verantwortung (Hesekiel 18,20).

Die Gemeinde ist eine Familie, die bei Gott hoch in der Schuld steht, und zwar wegen ihres Ungehorsams. Wir tragen die Last unserer Sünden sowohl gemeinsam als auch jeder für sich. Die Krieger, die auszogen, um Ai zu erobern, hätten sich mehr Sorgen um Achans Glaubensleben gemacht, wenn ihnen bewusst gewesen wäre, dass seine Handlungen mit ihren verknüpft waren.

Die Sünde des Einzelnen betrifft auch andere Menschen. Die Taten des Fleisches treten immer geballt auf. Wir können nicht in einem Bereich unseres Lebens Sünde dulden und in einem anderen Erfolge feiern. Wenn wir einen Raum unseres Lebens vor Gott verschließen, senkt sich Dunkelheit über das ganze Haus.

Ein Mann, der mit Pornographie kämpfte, konnte seine verborgene Sünde erst überwinden, nachdem er Gegenstände ersetzte, die er viele Jahre zuvor gestohlen hatte. Ein anderer Mann konnte das Rauchen aufgeben, nachdem er seine Eltern um Vergebung dafür gebeten hatte, dass er in seiner Jugend gegen sie rebelliert hatte, und Verantwortung für die Zeit übernahm, in der er gegen ihren Willen das Rauchen angefangen hatte.

Dieses Wissen um die Auswirkungen der Sünde sollte in unsere Seelsorge einfließen. Wir müssen Versagen in seinem größeren Kontext sehen und uns Zeit für eine geistliche Bestandsaufnahme nehmen.

Wo haben wir möglicherweise an unseren Brüdern und Schwestern in Christus versagt? Welche verborgenen Sünden innerhalb einer Familie oder Gemeinde könnten den Boden für Ehekrach, Egoismus oder seelische Tiefs bereitet haben? Ich muss Gott darum bitten, mein Herz zu prüfen, und dann seine Weisheit suchen, um die Ursache einer persönlichen oder gemeinsamen Niederlage zu erkennen.

Wenn Josua zu Gott gegangen wäre, bevor er Kundschafter nach Ai schickte, dann, glaube ich, hätte der Herr Achans heimliche Sünde offenbart und Israel wäre die Niederlage erspart geblieben. Doch Josua handelte übereilt. Auch zu einem späteren Zeitpunkt brachte er sich dadurch in Schwierigkeiten, dass er nicht nach dem Rat des Herrn fragte (Josua 9).

Wenn eine nicht bekannte Sünde entdeckt wird, muss sie als Sünde benannt werden. Achan und seine Familie wurden gesteinigt und danach verbrannt (Josua 7,25). Ein Steinhaufen wurde im Tal Achor zurückgelassen – zur Erinnerung an dieses schmachvolle Ereignis, und „so kehrte sich der Herr ab von dem Grimm seines Zorns" (V. 26).

Doch oft richtet uns Gott als Einzelpersonen und als Gemeinden, weil wir nicht bereit sind, in unserem Leben ein gründliches Großreinemachen zuzulassen. Der Heilige Geist ist bereit, unsere Herzen zu prüfen, wenn wir ihm ehrlich begegnen (Psalm 139,23-24).

Achor bedeutet „Unglück" – ein klarer Bezug auf die strenge Strafe, die Achan und seine Familie dort erlitten. Doch Jahrhunderte später sagt der Prophet Hosea, dass das Tal Achor eine Tür der Hoffnung sein wird (Hosea 2,17). Der Ort der verborgenen Sünde wird zum Ort des Gerichts. Wenn Sünde bekannt und vergeben wird, wird dieser Ort jedoch zu einem Tor der Hoffnung. Als die Sünde überwunden war, besiegten Josua und seine Männer Ai, offenbar ohne den Verlust eines einzigen Kriegers. Wenn Sünde bestraft wird, kann Segen fließen.

Jeder Pastor muss sich mit seiner eigenen Seelsorgephilosophie wohl fühlen, aber ich vermute, dass wir alle erfolgreicher wären, wenn wir Gottes Weisheit suchen würden, um die Gründe geistlichen Versagens aufzudecken. Gott will eine Siegessäule im Tal der Niederlage aufstellen. Er hat uns das Werkzeug dazu gegeben, damit wir ihm dabei helfen.

Niemand sollte sagen, dass meine Seelsorgetheorie einfach darin besteht, nach verborgenen Sünden zu suchen. In manchen Fällen kann die Ursache Sünde im Allgemeinen sein, als Lebenshaltung – ein Leben an Gott vorbei, wie ein Pfeil, der am Ziel vorbeifliegt. Keine konkrete Sünde muss bekannt werden.

Ich habe im Bereich Seelsorge einige wichtige Lektionen gelernt. Erstens können wir nicht erwarten, dass man an jedes Problem in der gleichen Weise herangehen kann. Manchmal müssen wir versuchen, verborgene Sünde aufzudecken. In anderen Fällen müssen wir einfach Liebe und Unterstützung geben. Die seelischen Probleme eines Menschen werden nicht dadurch gelöst, dass man versucht, verborgene Sünden aufzudecken, obwohl Vergebung gegenüber den Eltern an einem bestimmten Punkt vielleicht notwendig sein wird.

Jeder Mensch ist anders, jeder braucht einen anderen Ansatz. Nicht jeder fühlt sich abgelehnt. Nicht jeder depressive Mensch kämpft mit Zorn. Nicht jedem ist geholfen, wenn man ihm erzählt, dass er nur „Gott gehorchen" müsse und dass dann alles gut werde.

Zweitens habe ich – obwohl meine Erfahrungen in der Seelsorge begrenzt sind – immer wieder erfahren, dass durch das beständige, vertrauensvolle Gebet die besten Ergebnisse erzielt werden. Ich verbringe eine Menge Zeit damit, für den Ratsuchenden zu beten, und lade ihn auch dazu ein, unter meiner Leitung zu beten. Ich glaube fest an die Zusage, dass Gott uns nicht nur Weisheit schenkt, sondern auch Heilung in das Leben all derer fließen lässt, die ihn ernsthaft suchen. „Er heilt, die zerbrochenen Herzens sind, und verbindet ihre Wunden" (Psalm 147,3).

Wir müssen keine Experten in Psychologie sein, um wirkungsvolle Seelsorger zu werden. Wir müssen nur fest in der Bibel verankert und emotional sensibel sein, um uns der Nöte der uns anvertrauten Menschen anzunehmen. Denn wir glauben nicht an uns selbst, sondern an den „Wunder-Rat", der unsere Gebet hören wird, wenn wir ihn anrufen.

13
Den Glauben unserer Gemeinde vertiefen helfen

Eine Frau, die in einem abgelegenen Dorf lebte, träumte als junge Braut davon, welche Sicherheit und welches Glück ihr die Ehe bringen würde. Vielleicht waren ihre Erwartungen unrealistisch. Vielleicht war sie zu fixiert auf ihre ehrgeizigen Pläne, um die ersten Anzeichen von Spannungen in ihrer Ehe zu erkennen.

Doch die Spannungen wurden größer. Schließlich waren ihr Mann und sie der Meinung, dass sie nicht länger zusammen leben konnten. Die Entscheidung war schmerzlich, aber anscheinend unumgehbar. Sie ließen sich scheiden.

Zeit heilt Wunden oder lindert zumindest den Schmerz. Nachdem die Frau ihre Krise seelisch überwunden hatte, traf sie einen Mann, der scheinbar all die Eigenschaften besaß, die ihrem früheren Mann gefehlt hatten. Diese Ehe würde ein Erfolg werden, dachte sie.

Als ihre zweite Ehe begann, schwierig zu werden, wagte die Frau nicht zu denken, sie könnte enden wie ihre erste. Und doch fing das Fundament dieser Beziehung an, nachzugeben. Nicht lange und die Frau erlebte eine zweite Scheidung.

Manche Frauen hätten versucht, ihre Frustrationen durch beruflichen Erfolg zu verdrängen. Sie hätten sich in einer anderen Stadt niedergelassen, hätten ihr Studium wieder aufgenommen oder eine Ausbildung angefangen. Doch diese Frau konnte das nicht. Zu ihrer Zeit war der Platz einer Frau selbstverständlich am Herd. Außerdem hatte sich die Frau den Launen ihres Mannes zu fügen. Was blieb, war der Haushalt, die tägliche ermüdende Routine.

Ihre Entscheidung, ein drittes Mal zu heiraten, fiel ihr nicht schwer. Zu dem Zeitpunkt war die Frau verbittert gegenüber Gott und verärgert über die Männer. Wenn ihre Ehe nicht funktionieren sollte, gäbe es eben eine weitere Scheidung; sie würde von den Fesseln eines bedeutungslos gewordenen Treueversprechens befreit werden. Es war vorauszusehen, dass sie ein drittes Mal geschieden wurde, dann ein viertes und ein fünftes Mal.

Als sie einen neuen Mann kennen lernte, entschied sie, sich nicht mehr die Mühe mit den Formalitäten einer Trauung zu machen. Sie lebten einfach in eheähnlicher Gemeinschaft zusammen.

So könnte es gewesen sein, das Leben dieser Frau in Samarien, bis sie eines Tages Jesus Christus begegnete, der ihr anbot, vom lebendigen Wasser zu trinken. Er lud sie auch dazu ein, den heiligen Gott anzubeten. „Unsere Väter haben auf diesem Berge angebetet", schlug sie vor (Johannes 4,20). „Glaube mir, Frau", antwortete ihr Jesus, „es kommt die Zeit, dass ihr weder auf diesem Berge noch in Jerusalem den Vater anbeten werdet ... es kommt die Zeit und ist schon jetzt, in der die wahren Anbeter den Vater anbeten werden im Geist und in der Wahrheit; denn auch der Vater will solche Anbeter haben" (Johannes 4,21 und 23). Christus lud sie dazu ein, Gottes Geist zu empfangen, aus ihm zu glauben und zu leben. Diese Einladung gilt uns allen.

Aus dem Gebet leben

Aus dem Gebet zu leben bedeutet, sagte William Temple, Erzbischof von Canterbury von 1942 bis 1944, „dass mein Bewusstsein durch die Heiligkeit Gottes angeregt, mein Verstand von der Wahrheit Gottes genährt, meine Vorstellungskraft durch die Schönheit Gottes gereinigt, mein Herz für die Liebe Gottes geöffnet und mein Wille auf Gottes Vorhaben gerichtet wird."[15]

Die Frau am Brunnen betrachtete Anbetung als äußerliches Ritual. Jesus Christus jedoch lehrte sie, dass es dabei um Geist und Leben geht. Die Juden beten in Jerusalem an, die Samariter auf dem Berg Garizim. Seit dieser Zeit lässt sich Gebet nicht auf geographisch festgelegte Orte beschränken. Es ist nicht mehr von Bedeutung, ob man sich dabei im Tempel oder auf dem richtigen Berggipfel befindet.

Wie oft wird angenommen, dass man nur in einer Kirche beten kann? Es wird uns gesagt, dass das Kirchengebäude „Gottes Haus" sei, doch das ist irreführend. Zur Zeit des Alten Testaments wohnte Gott im Tempel. Seine Herrlichkeit hatte sich im Allerheiligsten niedergelassen. Doch Gott war mit der Anbetung im Tempel von Jerusalem unzufrieden. Genauso wenig beeindruckt es ihn vielleicht, wie wir heute oft in unseren Kathedralen beten.

Heute wohnt Gott durch seinen Geist in jedem Gläubigen. Anbetung kann überall stattfinden. Wir sind immer in Gottes Gegenwart und er ist erreichbar für unser Gebet. Lobpreis bedeutet nicht nur, einer Predigt zu lauschen, Kirchenmusik zu schätzen oder in das Singen von geistlichen Liedern einzustimmen. Ja, Lobpreisworte allein sind nicht unbedingt Gebet, wenn sie aus einem harten, unnachgiebigen Herzen kommen. Gebet ist keine äußerliche Handlung, die durch die richtige Umgebung angeregt wird. „Anbeten im Geist" bedeutet, uns Gott mit einem ungeteilten Herzen zu nähern. Ganz offen zu ihm zu kommen, ohne irgendetwas zu verbergen und ohne seinen Willen zu missachten.

Augustin sagte über diejenigen, die sich erfolglos bemühten, Gott zu finden, sie seien wohl durch ihren Stolz auf ihre Bildung aufgeblasen und gingen deshalb den falschen Weg, um Gott zu finden, nämlich, indem sie sich lieber in die Brust warfen, als sich an die Brust zu schlagen.

Beim Beten wird unser Hunger nach Gott gestillt, aber gleichzeitig wächst er. In seiner Gegenwart verlangen wir nach „der ganzen Fülle Gottes". Wir wollen uns von der Sünde abwenden, wir wünschen uns, dass die Gemeinde gereinigt wird, und sehnen uns nach der Wiederkunft Jesu. Wir haben sogar Heimweh nach dem Himmel.

Helfen, dass andere zur Anbetung finden

Das schwerste Gebet ist wahrscheinlich die Anbetung. Darin schauen wir ganz von uns weg auf Gott und vertiefen uns in seine Macht, Herrlichkeit und Barmherzigkeit. Unsere Anbetung wird immer wieder verdrängt von unseren Sorgen, den drängenden Alltagsdingen, dem lauten, hektischen Leben.

Wie können wir unserer Gemeinde zur Anbetung helfen? Erstens müssen wir betonen, dass man sich auf Anbetung innerlich vorbereiten muss. Man kann im Gottesdienst nicht anbeten, wenn man dem Herrn nicht schon *vor* der Kirchentür begegnet ist. Die sechzig Minuten vor Gottesdienst und Kindergottesdienst sind für viele Christen die unheiligste Zeit der Woche. Zu frühstücken, sich anzuziehen, durch das Haus zu sausen, um „noch schnell etwas zu erledigen", und dann in gereizter Stimmung zum Gottesdienst zu fahren, ist der inneren Vorbereitung nicht dienlich. Was wir *vor* dem Gottesdienst tun, wird darüber entscheiden, was *im* Gottesdienst geschieht.

Die Art der Anbetung ist nicht so wichtig wie die geistliche Herzenshaltung. John MacArthur Jr. schrieb in *The Ultimate Priority* (Die höchste Priorität): „Wenn unsere gemeinsame Anbetung nicht Ausdruck unseres persönlichen anbetenden Lebens ist, bedeutet sie nichts. Wenn Sie meinen, Sie könnten leben, wie Sie wollen, und dann am Sonntagmorgen zur Kirche gehen und auf ‚Anbetung mit den Heiligen' umschalten, liegen Sie falsch."[16]

> Man kann im Gottesdienst nicht anbeten, wenn man dem Herrn nicht schon vor der Kirchentür begegnet ist.

David sagte: „Erhalte mein Herz bei dem einen, dass ich deinen Namen fürchte" (Psalm 86,11). Genauso im Einklang mit Gott soll unsere Gemeinde zu Gott kommen. Anbetung geschieht nicht automatisch, nur weil wir alle an demselben Ort sind.

Zweitens müssen wir in Wahrheit anbeten. Anbetung ist nicht nur eine Herzensübung, sondern auch eine Antwort des Herzens, die in Gottes Wahrheit gründet. „Der Herr ist nahe allen, die ihn anrufen, allen, die ihn ernstlich anrufen" (Psalm 145,18). Anbetung, die nicht in Gottes Wort verwurzelt ist, ist nur eine emotionale Begegnung mit sich selbst.

Erinnern Sie sich daran, was geschah, als Nehemia Esra bat, die Schriftrollen zu lesen? „Und Esra lobte den Herrn, den großen Gott. Und alles Volk antwortete: ‚Amen! Amen!' und sie hoben ihre Hände empor und neigten sich und beteten den Herrn an mit dem Antlitz zur Erde" (Nehemia 8,6). Die Wahrheit Gottes, die sie gehört und verstanden hatten, brachte die Israeliten dazu, ihre Knie in Anbetung zu beugen.

In seinem Buch *Between Two Worlds* (Zwischen zwei Welten) sagt John Stott: „Das Wort und die Anbetung gehören unauflöslich zusammen. Aller Lobpreis ist eine intelligente und liebende Antwort auf die Offenbarung Gottes, weil er die Anbetung seines Namens ist. Deshalb ist es unmöglich, ohne die Predigt in angemessener Form anzubeten. Denn Predigen bedeutet, den Namen Gottes zu verkündigen, und Anbetung bedeutet, den verkündeten Namen Gottes zu preisen."[17]

Ohne Gehorsam gegenüber der Wahrheit kann es keine Anbetung geben. Deshalb bringt Anbetung oft Opfer mit sich. Anbeten bedeutet nicht nur, Gott zu loben, sondern auch, ihn dadurch zu ehren, dass wir auf seinen Willen antworten. Anbetung bedeutet, Gott mehr zu wollen als alles, was für uns sonst noch kostbar ist. Wir können nicht im Gottesdienst anbeten, wenn wir nicht schon während der Woche einige vielleicht schwere Entscheidungen für Gott getroffen haben. Wenn man nicht erkennt, dass Anbetung und völlige Hingabe zusammengehören, ist das so, als erwarte man, dass ein Flugzeug ohne Tragflächen abhebt.

Die Menschen zur Zeit Jesajas wurden nicht verurteilt, weil sie die falschen Lieder sangen. Gott richtete sie nicht, weil sie unorthodoxe Gebete sprachen. Sie brachten sogar Opfer dar. Was ihnen fehlte, war ein hingegebenes Herz. Christus zitierte Jesaja:

*Ihr Heuchler, wie fein hat Jesaja
von euch geweissagt und gesprochen:
„Dies Volk ehrt mich mit seinen Lippen,
aber ihr Herz ist fern von mir;
vergeblich dienen sie mir,
weil sie lehren solche Lehren,
die nichts als Menschengebote sind."
(Matthäus 15,7-9)*

Worte sind leicht dahingesagt. Was wirklich zählt, ist, der Wahrheit treu zu sein. Deshalb ist Anbetung immer kostspielig. Es bedeutet, dass wir mit einem unterzeichneten Blankoscheck zu Gott kommen.

Drittens: Christus sagte, dass Anbetung eine Sache von Prioritäten ist. „Denn auch der Vater will solche Anbeter haben" (Johannes 4,23). Auf den ersten Blick scheint diese Behauptung seltsam. Würden nicht alle Menschen, vor allem die Christen, den Vater anbeten wollen? Wäre es nicht natürlich, dass wir, die Geschöpfe, unserem Schöpfer begegnen wollen? Und doch ist der allmächtige Gott auf der Suche nach uns. Ich vermute, dass relativ wenig Menschen antworten.

Wie können wir unsere Gemeinde dazu verlocken, Gottes Angebot anzunehmen? Zunächst müssen wir selbst Anbeter sein. Wenn wir nicht Zeit dafür einplanen, können wir das von unserer Gemeinde auch nicht erwarten. Ann Ortlund schrieb: „Eine Gemeinde demütigt sich nicht deshalb vor Gott, weil der Pastor das von ihr verlangt. Eine Gemeinde demütigt sich dann vor Gott, wenn es ihr Pastor tut."

Außerdem müssen wir uns darauf konzentrieren, unserer Gemeinde von der Herrlichkeit Gottes zu erzählen. Wir sollten sie wissen lassen, dass mehr zum Christsein gehört als die Befreiung von Sünde.

Christen sollten sich danach sehnen, Gott näher zu kommen.

Wenn wir nicht vom Brot des Lebens gesättigt werden, werden wir unseren Hunger mit den Krümeln der Welt stillen. Wenn wir einmal von der Ernährung der Welt abhängig geworden sind, ist uns der Appetit auf Gott verdorben.

> Anbetung bedeutet, Gott mehr zu wollen als alles, was für uns sonst noch kostbar ist.

Welche Konsequenz hat das für den Sonntagsgottesdienst? Pastoren sind keine Schauspieler, die auf einer Bühne stehen und für eine Ansammlung seriöser Zuschauer Theater spielen. Nein, die ganze Gemeinde sollte teilnehmen. Gott sieht uns und sucht die, deren Herzen ihm ganz zugewandt sind.

Lassen Sie uns damit beginnen, dass wir fragen: Wie können wir unsere Gemeinden in Gottes Gegenwart führen, damit sie vor ihm weinen, loben und sich freuen können? Betonen wir, dass sie wirklich vor Gott stehen? Gibt es Raum für Spontaneität, in der Gott die Freiheit hat, etwas zu tun, das nicht auf dem „Programmzettel" steht?

Gott erlaubte einer sündhaften Frau, ihn anzubeten. Ihre Vergangenheit zählte nicht mehr, Anbetung war eine aufregend neue Perspektive. Dieselbe Einladung ergeht nun an uns. Um Antwort wird gebeten.

14
Gottes Gericht erkennen

Auf einem Treffen geistlicher Leiter bemerkte kürzlich ein angesehener Beobachter der politischen Szene Amerikas: „Wir haben den Kampf gegen die Abtreibung in Washington verloren. Jetzt führt kein Weg mehr daran vorbei ... wir schliddern dem Gericht Gottes entgegen."

Ich habe nicht genug Sachkenntnis, um zu behaupten, dass der Kampf gegen Abtreibung politisch abgeschlossen ist – genauso wenig kann ich den Zeitpunkt von Gottes Gericht vorhersagen. Aber wir können den Folgen der jährlichen Tötung von schätzungsweise über eine Million ungeborener Babys nicht entgehen.

Amerika ist mit vielen anderen Übeln geschlagen: grausamen Verbrechen, Scheidung, Selbstmord von Teenagern und einem starken Anstieg der Geburten von unehelichen Kindern. Dabei verschlimmert sich die Situation, egal wie viel Geld die Regierung auch für Ursachenforschung ausgibt: „Viele der schwersten sozialen Probleme und Verhaltensauffälligkeiten, mit denen wir nun konfrontiert sind (vor allem unter den Jugendlichen), sind erstaunlich resistent gegen die Arznei der Regierung" (W. J. Bennet).

Die Schuld dafür wird gerne dem Obersten Gerichtshof, den Humanisten oder den radikalen Feministinnen in die Schuhe geschoben. Sicher, sie haben zur Liberalisierung Amerikas beigetragen. Doch wenn Gott sie dazu benutzt, uns zu richten? Sollte dann die Verantwortung nicht eher denen angelastet werden, die den lebendigen Gott kennen, die aber darin versagt haben, die Gesellschaft zu verändern?

Wenn wir zahlenmäßig wenig wären, wäre es einfacher, die Verantwortung von uns zu schieben. Doch es gibt Zehntausende evangelikaler Pastoren in Amerika, die Gemeinden mit insgesamt mehreren Millionen wiedergeborener Christen leiten. Und doch verlieren wir eine Schlacht nach der anderen. Vielleicht leidet die Kirche für die Sünden der Welt nicht so sehr, wie die Welt für die Sünden der Kirche leidet.

Weil wir zu Abtreibung, Pornographie und dem Schwinden der Religionsfreiheit feige schweigen und Kompromisse innerhalb der Kirche akzeptieren, hat das Salz seine Kraft verloren und das Licht droht auszugehen. In unserer Verzweiflung suchen wir nach Möglichkeiten, die Flutwelle aufzuhalten – wir möchten, dass jemand aufsteht und unsere Schlachten für uns kämpft.

Vielleicht ist die Antwort, die wir suchen, nicht schwer zu finden. Vielleicht sind wir unsicher, was unsere Ziele angeht. Wir haben als Kirche darin versagt, unserem Land zu zeigen, wie man gottesfürchtig leiten kann, den Menschen Hoffnung zu geben in einer Zeit, in der sie sie nötig brauchen. Ja, wir stehen als Volk unter Gottes Gericht, doch vielleicht sind wir uns dessen nicht bewusst. Diese Angelegenheit ist es wert, näher betrachtet zu werden.

Wo haben wir versagt?

Erstens haben wir die Unbekehrten vernachlässigt. Wir verbringen unser Leben in einer evangelikalen Subkultur. Leider geht die Botschaft, die uns am meisten bedeutet, außerhalb dieser Szene oft unter – einfach weil wir nicht bereit sind, das Evangelium weiterzusagen, verankert in einem glaubwürdigen Lebensstil.

Wenn jede christliche Familie aktiv den Glauben bezeugen und Menschen, die zum Glauben kommen, weiter begleiten würde (wir erwarten von unseren Missionaren weit mehr), wäre unser Einfluss auf die unbekehrte Welt phänomenal. Doch erfahren wir, dass 95 Prozent aller Christen noch nie deutlich und offen einem unbekehrten Nachbarn etwas von Jesus Christus gesagt haben. Wie sehr wir auch von der Kraft des Evangeliums reden – wir haben offensichtlich Angst, es weiterzusagen. Dahinter steht, dass wir nicht glauben können, dass das Evangelium wirklich „eine Kraft Gottes (ist), die selig macht" (Römer 1,16).

Zweitens haben wir uns im Hinblick auf soziale Themen hinter einer „falschen Frömmigkeit" (Francis Schaeffer) zurückgezogen. Wir haben alles vermieden, was opferbereites Engagement erforderlich machen würde. Wir sind nachlässig darin geworden, „Gutes (zu) tun an jedermann, allermeist aber an des Glaubens Genossen" (Galater 6,10). Solange es uns gut geht, wir uns unsere Freunde aussuchen können und ein geruhsames Alter in Aussicht haben, kümmern wir uns nicht so sehr um die Schlagzeilen. Allein wichtig ist, dass unser persönlicher Friede nicht gestört wird und unser Wohlstand nicht in Gefahr ist.

Natürlich kann es vorkommen, dass wir dann und wann gegen Abtreibung predigen – doch sind wir bereit dazu, Mädchen zu helfen, die schwanger sind? Wir mögen Ungerechtigkeit verurteilen – doch sind wir bereit dazu, unser Geld und unseren Einfluss einzusetzen, um denen zu helfen, die unfair behandelt werden? Reden ist einfach. Es ist leicht, die richtigen Worte zu finden und dann zu hoffen, dass jemand anders an unserer Stelle kämpft.

Außerdem haben wir im Hinblick auf Unterhaltung, Freizeit und Erfolg die Werte der Welt angenommen. Wir sind nicht länger fähig, die Gesellschaft zu kritisieren. Weil sich die Kirche an so vielen Punkten nicht von der Welt unterscheidet, haben die Unbekehrten keine Vorbilder für Rechtschaffenheit mehr.

Jedes christliche Paar, das sich scheiden lässt, bringt andere dazu, an Gottes Macht zu zweifeln. Wenn sich eine Gemeinde wegen einer Trivialität mit ihrem Pastor verkracht, wird der Öffentlichkeit vermittelt, dass Gott sein Volk nicht zu Vergebung und Neuanfang führen kann. Wenn Väter ihre Aufgabe vernachlässigen, in ihrer Familie zum Beten und Bibellesen zu helfen, wird der Eindruck erweckt, dass es einem freisteht, sich nach Gott zu richten oder nicht. Und wenn wir für Egoismus und Gier bereitwillig Erklärungen finden, sagen wir damit in Wirklichkeit, dass Christus nicht fähig sei, uns von Sünde zu befreien. Die Folge ist, dass wir dieser Generation nichts zu sagen haben.

Verzweifelt haben wir uns der Politik zugewandt, im Glauben, dass wir dieses Land auf den Kopf stellen könnten, wenn wir nur die richtigen Politiker hätten. Wir haben vergessen, dass eine gute Botschaft nie aus Washington, sondern vom Volk Gottes kommen wird, das andere Menschen auf Christus hinweisen kann.

In welcher Form wird Gottes Gericht kommen?

Während des Kalten Krieges haben wir uns oft vorgestellt, dass das Gericht in der Form eines Krieges mit der Sowjetunion kommen würde. Wir erwarteten einen nuklearen Holocaust, der uns völlig auslöschen würde. Als die Kommunisten uns versicherten, dass sie einmal die Herren der Welt sein würden, nahmen wir an, dass wir dann vielleicht Sklaven des Kommunismus werden würden.

Heute denken manche Menschen, dass das Gericht in Form einer Hungersnot, eines Erdbebens oder eines tödlichen Tornados kommen wird. Sicher, dies sind die Zeichen für das Gericht Gottes, die er uns gegeben hat, um uns daran zu erinnern, dass wir alle sterben müssen und dass es furchtbar ist, in die Hände Gottes zu fallen. Obwohl diese Anzeichen des Gerichts Gerechte und Ungerechte treffen werden, sind sie ein Bild für Gottes zukünftiges Gericht. Die Erde ist verdorben und wird noch verdorbener werden.

Und doch gibt es eine andere Form des Gerichts, die noch stärker an das Ursache-Wirkung-Prinzip der Sünde geknüpft ist. Nachdem Gott die Israeliten vor Hungersnöten, Kriegen und Krankheiten gewarnt hatte, sagte er voraus, dass das letzte Gericht Gefangenschaft sein würde: „Deine Söhne und Töchter werden einem andern Volk gegeben werden, dass deine Augen zusehen müssen und täglich vor Verlangen nach ihnen vergehen, und in deinen Händen wird keine Kraft sein" (5. Mose 28,32). Die härteste Strafe war die Zerstreuung der Stämme Israels.

Dasselbe geschieht heute bei uns, wenn auch auf andere Weise. Die Hälfte aller Kinder, die dieses Jahr geboren werden, werden mit nur einem Elternteil zusammenleben. Weil unsere Familien weiterhin zerbrechen, entstehen Depression, Hass und Gewalt. Solche Folgen des Ungehorsams werden stark zunehmen.

Vielleicht wird Gottes Gericht auch mit einschließen, dass seelische Störungen zunehmen. Er sagte den Israeliten, dass sie durch ihren Ungehorsam eine „verzagende Seele" (5. Mose 28,65) haben würden. Nicht bekannte Schuld zeigt sich in verschiedenen Formen: Wut, Gefühllosigkeit, Depression. Weil Millionen von Frauen abtreiben und vermutlich eine mindestens ähnlich große Zahl von Männern des Egoismus schuldig wird, werden zukünftige Generationen noch stärker mit psychischen Krankheiten zu kämpfen haben. Wir können sicher sein, dass unser Volk von innen heraus gefährdet ist.

Was können wir tun?

Die einzige Hoffnung liegt in der Gemeinde. Der Leib Christi hat immer noch beeindruckende Kraft. Wenn wir auf unsere Knie fallen, wenn wir bereit sind, den Preis des Gehorsams zu bezahlen, dann beginnt Gott vielleicht, uns geistliche Siege zu geben, die Abtreibung, Mord und Drogenmissbrauch aufhalten könnten. Vielleicht gefällt es ihm in seiner Gnade sogar, uns eine geistliche Erweckung zu schenken.

Als Mordechai Esther sagte, sie solle den persischen König für die Juden bitten, zögerte sie, weil sie um ihr Leben fürchtete (obwohl sie mit dem König verheiratet war). Aber Mordechai antwortete:

„Denke nicht, dass du dein Leben errettest, weil du im Palast des Königs bist, du allein von allen Juden ... Und wer weiß, ob du nicht gerade um dieser Zeit willen zur königlichen Würde gekommen bist?" (Esther 4,13-14)

Esther musste bereit sein, ihr Leben aufs Spiel zu setzen, damit Rettung kommen konnte. Am Ende konnten nicht die Räume eines prächtigen Palastes, sondern nur Gott sie retten. Deshalb riskierte sie ihr Leben und sagte: „Komme ich um, so komme ich um" (V. 16). Nur unter solch einem Einsatz brachte Gott die Erlösung. Dass die Juden, und damit auch Esther, eine Minorität waren, zählte nicht, als Gott sich ihrer Sache annahm.

> Ich schlage vor, dass wir unsere Gemeindeglieder lehren, wie sie ihren Glauben in einer pluralistischen Welt verteidigen können.

Wenn wir Dinge wie Abtreibung, die Ausweitung der Rechte für praktizierte Homosexualität und den moralischen Niedergang der Fernsehunterhaltung bekämpfen wollen, erscheinen unsere politischen Möglichkeiten begrenzt. Doch das ist kein Grund zur Entmutigung. Was das Oberste Gericht denkt, ist bedeutungslos, wenn Gott im Namen seines Volkes kämpft. Ich schlage vor, dass wir unsere Gemeindeglieder lehren, wie sie ihren Glauben in einer pluralistischen Welt verteidigen können.

Vielleicht versucht uns Gott beizubringen, dass wir uns nicht auf menschliche Möglichkeiten verlassen können, wenn wir dieses Volk zu ihm zurückbringen wollen. Wir müssen in seiner Gegenwart bleiben, bis er uns die Gnade gibt, um unser Land und seine Regierung zu weinen. Wir müssen dafür Buße tun, dass wir es uns in der Welt bequem gemacht haben. Wir müssen nicht so sehr um die gottlosen Männer trauern, die ungerechte Gesetze erlassen, sondern vielmehr um das Volk Gottes, das geistlich gelähmt und unfähig ist, Christi Macht in jedem Lebensbereich zu bezeugen. Ich schlage vor, dass wir Pastoren einen Tag pro Woche im Gebet und im Fasten verbringen – für uns selbst, unsere Gemeinde und unser Land. Gott will uns begegnen, doch ich bin nicht so sicher, ob wir bereit sind, den Preis zu zahlen, auch wenn die Zeit drängt.

Wenn es uns so wichtig ist, wie wir behaupten, schlage ich vor, dass wir Pastoren

- unserer Gemeinde durch unser Beispiel vorangehen, indem wir Christus bezeugen, uns in unserem bürgerlichen Umfeld engagieren und andere lehren,
- einen Tag pro Woche im Gebet und im Fasten verbringen – für uns selbst, unsere Gemeinde und unser Land,
- mit unserer Familie zusammenstehen in ihrem Wunsch, Christus in der Schule und in ihrem jeweiligen Tätigkeitsfeld zu bezeugen,
- uns weigern, uns auf unsere gegenwärtige Kultur des Konsums, des Individualismus und des Machthungers einzulassen,
- unsere Gemeindeglieder lehren, wie sie ihren Glauben in einer pluralistischen Welt verteidigen können.

Wir haben nicht mehr viel Zeit. Unsere politischen und rechtlichen Möglichkeiten werden immer mehr eingeschränkt. Nur Gott kann uns retten.

15
Eine „sanfte" Theologie – der richtige Weg?

Wenn Sie manchen Evangelikalen in Amerika zuhören, werden Sie anfangen zu glauben, dass der Mensch nicht für Gott, sondern dass Gott für den Menschen da ist. Der Mensch sagt Gott, wann er gerettet werden will, wie reich er gerne werden würde, ja teilt ihm sogar seine eigene theologische Auffassung mit.

Der Ton gibt dem Töpfer Anweisungen!

Dieser Trend lässt sich schon eine Weile beobachten. Viele Evangelikale haben die Lehren der Reformation darüber, dass der Mensch grundsätzlich verdorben und an die Fesseln seines Willens gebunden ist und der Gnade des Allmächtigen bedarf, aufgegeben. Eine allgemein gehaltene Entscheidung für Christus ersetzt die Umkehr, und Gefühle ersetzen das Gebet.

„In unserer christlichen Kultur, die durch den beifallheischenden Aufruf : ‚Los, lasst uns Gott unterstützen!', charakterisiert werden kann, haben wir verlernt, zu staunen und in Ehrfurcht zu Gott zu kommen, wenn wir beten. Sogar unsere Anbetung ist narzisstisch" (Joe Bayly).

Ein Geist der Bequemlichkeit weht auf den Kanzeln der evangelikalen Gemeinden unseres Landes. Viele Predigten sind heutzutage vom Zeitgeist geprägt. Manchmal ist das offensichtlich, manchmal nur untergründig, doch immer gefährlich. Die Bibelauslegung richtet sich dann danach, wie sie der Gesellschaft gerecht wird, nicht, wie sie die Gesellschaft verändern kann.

Eine neue Theologie

Ich weiß nicht, wann dieser Trend vorangetrieben wurde, doch mir ist bekannt, dass Robert Schuller in seinem Buch *Self-Esteem – The New Reformation* (Selbstachtung – die neue Reformation) einen anthropozentrischen Ansatz der evangelikalen Theologie formulierte. Wo es für Calvin und Luther angemessen war, theozentrisch zu denken, weil zu ihrer Zeit jeder zur Kirche gehörte, hätten sich die Zeiten geändert, so Schuller. „Was wir brauchen, ist eine Theologie der Befreiung, an deren Anfang und Ende die Erkenntnis steht, dass sich jeder Mensch nach Ehre sehnt."[18]

Die Sünde, die sich nach traditioneller Auffassung gegen Gott richtet, wird nun so definiert, dass sie sich gegen den Menschen richtet, als „jegliche Tat oder jeglicher Gedanke, die oder der mich oder einen anderen Menschen meiner bzw. seiner Selbstachtung beraubt."[19]

Die Unterschiede zwischen der Reformation des sechzehnten Jahrhunderts und dieser neuen „Reformation" liegen auf der Hand. Die Vorstellung, dass das Kennenlernen Gottes das oberste Ziel des Menschen sei, gibt es nicht mehr. Die Kenntnis unserer selbst und unseres Bedürfnisses nach Selbstachtung ist nun die oberste Priorität auf der theologischen Agenda. Gott wird weniger als Richter gesehen, dem gegenüber wir uns schuldig gemacht haben, sondern vielmehr als Diener, der darauf wartet, unsere Würde zu bestätigen. Wir kommen zu ihm auf der Grundlage unseres Selbstwertgefühls und nicht durch das Blut Christi.

Wie sollen wir nun dieses Evangelium verkündigen? Schuller sagt, dass Christus nie jemanden einen Sünder nannte. „Die Evangeliumsbotschaft ist nicht nur fehlerhaft, sondern auch potenziell gefährlich, wenn sie einen Menschen erst niedermacht, bevor sie versucht, ihn wieder aufzurichten", behauptet er.[20] Eigentlich stünden wir vor Gott, um erhöht zu werden, nicht um uns vor ihm zu beugen.

Diese „Reformation" ist also im Grunde ein Aufruf zum erneuten Kreisen um uns selbst und nicht um Gott. Doch wenn der Mensch erhöht wird, wird Gott leider entthront.

Wir sollten jedoch nicht denken, dass Schullers Buch das einzige ist, das einen Humanismus vertritt, der christlich klingt. Die Tatsache, dass einige so genannte Evangelikale diese neue „Reformation" annehmen, ist Beweis genug dafür, dass eine anthropozentrische Theologie immer weitere Kreise zieht.

Die Folgen

Was sind die Folgen einer solchen Denkweise? Erstens wird die Theologie selbst relativiert. Theologie hängt mehr oder weniger von der öffentlichen Meinung ab. Männer wie Schuller wissen, dass die Leute etwas Positives hören wollen, und danach richten sie sich. Der Pastor einer der größten und innovativsten Gemeinden Amerikas sagt, dass er nicht über Heiligkeit predigen kann, weil keiner daran interessiert ist. Um die Entkirchlichten zu erreichen, müssten sich alle Predigten nach folgendem Grundsatz richten: Hilf ihnen, den unmittelbaren Nutzen zu erkennen, den ihnen das Christentum bieten kann.

Können Sie sich vorstellen, dass Jesaja das Volk Juda vor seiner Predigtvorbereitung fragte, was sie gerne hören würden? Oder dass Christus seine Botschaft so zurechtschneiderte, dass sie zur Ehrsucht der Pharisäer passte?

Es ist nicht schwer, die Extreme zu erkennen. Wir Pastoren sollten jedoch unsere Schuld bekennen, wenn wir lieber das predigen, was gut ankommt, als das, was wahr ist. Manchmal umschiffen wir erfolgreich den biblischen Maßstab für die Gemeindeleitung und die biblische Kritik am Materialismus – aus Angst, dass das „Schiff der Gemeinde" ins Schlingern kommen könnte. Warum sollte man sich die zu Feinden machen, die einem das Gehalt bezahlen? Ein Hornsignal ist eine unwillkommene Störung für die, die es sich in Zion bequem gemacht haben.

Viele Pastoren, die für den Glauben an die Unfehlbarkeit der Schrift sterben würden, sprechen in ihren Predigten nie über die Hölle. In der Tat glauben viele Pastoren, die sich als bibeltreu bezeichnen, nicht länger, dass es eine ewige Strafe gibt. Offensichtlich basiert ihre freundlichere, „sanftere" Theologie nicht auf einer sorgfältigen Prüfung der Schrift, sondern auf unserer Abneigung, von der Hölle zu sprechen.

> Eine gute Predigt bringt die prekäre Notlage des Menschen und die unveränderliche Gnade Gottes zusammen.

Wie leicht ist es doch, „So spricht der Herr" in: „So spricht die Psychologie" umzuwandeln, oder in: „So spricht der Gemeinderat" oder sogar in: „So spricht die Gesellschaft". Pastoren werden von Gott gerufen, um der Gesellschaft kritisch gegenüberzustehen, um das Wort Gottes zu predigen, ob die Leute es nun hören wollen oder nicht. Gottes absolute Gerechtigkeit, Gnade und Liebe, zusammen mit Christi Versöhnungstat, kann niemals einen Kompromiss mit der gängigen Psychologie eingehen. Wir können den Relativismus der Welt nicht kritisieren, wenn wir selbst einen Relativismus vertreten.

Ebenso führt eine anthropozentrische Theologie zu einer unzulänglichen Umkehr. Was ist die Grundlage, auf der wir zu Gott kommen – unser innerer Wert als Person oder Christi Opfer am Kreuz? Eine gute Predigt bringt die prekäre Notlage des Menschen und die unveränderliche Gnade Gottes zusammen.

Für diese Humanisten ist die Sünde des Menschen weniger ein Vergehen an Gott als ein Vergehen am Menschen. Weil wir für ihn unendlich wertvoll sind, wartet Gott darauf, uns anzunehmen. Die Annahme ist, dass er uns etwas schuldet. Wir kommen nicht als unwerte Sünder, sondern als Sünder, die es wert sind.

Wie sehr unterscheidet sich davon die Lehre der Bibel! Ja, wir haben Menschenwürde, doch weil wir verdorben sind, schuldet uns Gott gar nichts. Wenn wir bekämen, was wir verdienen, wären wir für immer in der Hölle. Deshalb kommen wir demütig zu Gott, mit der Erkenntnis, dass alles, was uns Gott gibt, ein unverdientes Geschenk ist. Die Grundlage unserer Begegnung mit Gott ist das Blut Christi, nicht der Wert unserer Person.

Ich habe die Erfahrung gemacht, dass unvollständige Buße oft zu einem Groll gegen Gott führt. Wenn er da ist, um mir zu nützen – was passiert dann, wenn mein „Hunger nach Ehre" unerfüllt bleibt? Warum kommt mir Gott nicht zu Hilfe, um mich dabei zu unterstützen, der erfüllte Mensch zu werden, der ich werden will?

Die Menschen sind berüchtigt dafür, auf ihren „Rechten" zu beharren. Wenn wir uns nicht für unwürdige Sünder halten, werden wir uns aufregen, wenn Gott nicht tut, was wir von ihm erwarten. Denn am Ende sind nur die zufrieden, die bereit sind, sich Gottes Macht zu beugen.

Hiobs Frau meinte, dass Gott ihm seinen Segen schuldete. Sie glaubte, dass Segnungen folgen müssten, wenn er Gott nur treu diente. Als die Tragödie kam, rief sie: „Sage Gott ab und stirb!" (Hiob 2,9). Gott sei es ihnen doch schuldig, sie glücklich zu machen. Wenn er das nicht schaffte, dann war es das gewesen.

Doch am Ende des Buches hat Hiob erkannt: Gott schuldete ihm gar nichts – noch nicht einmal eine Erklärung für sein Leid. Als Gott sich ihm zu erkennen gab, sagte Hiob: Ich „tue Buße in Staub und Asche" (Hiob 42,6).

Man bereut erst dann, wenn man sich selbst als Sünder erkannt hat. Wenn ich Gottes Segen verdient habe, wird der Wert der Gnade heruntergesetzt. Wir tun unseren Gemeindegliedern keinen Gefallen, wenn wir sie auf Gottes Kosten erhöhen. Dass Gott uns annimmt, obwohl wir verdorben sind, macht seine Gnade umso kostbarer.

Schließlich verringert unsere verwässerte Theologie unseren Einfluss auf die Gesellschaft. In den USA haben evangelikale Gemeinden in den letzten zwanzig Jahren starken Zulauf erhalten, aber unser Einfluss macht sich nicht besonders bemerkbar. Wie ich in diesem Buch bereits erwähnte, ist Religion „in" und Gehorsam „out".

> Dass Gott uns annimmt, obwohl wir verdorben sind, macht seine Gnade umso kostbarer.

Kürzlich hörte ich einen Bericht darüber, dass es bei uns praktisch keinen Unterschied im Fernsehverhalten von Christen und Nichtchristen gibt. Neue Versuche, Fernsehprogramme zu bewerten und Anreize dafür zu schaffen, dass sie inhaltlich besser werden, sind größtenteils fehlgeschlagen. In unserem Wunsch, von der Welt gehört zu werden, sind wir nicht länger motiviert, uns von ihr zu unterscheiden. Unser Zeugnis von Christus ist hohl geworden.

Kann es nicht sein, dass unsere Machtlosigkeit darauf zurückzuführen ist, dass wir die Fähigkeiten des Menschen übertrieben hoch einschätzen und Gottes Macht nicht mehr viel zutrauen? Ein Grund dafür, dass Jonathan Edwards und George Whitefield einen so großen Einfluss hatten, war: Sie hielten daran fest, dass das menschliche Herz in einem Zustand totaler Verdorbenheit ist, wenn Gott es nicht in seiner Gnade verändert.

Ein solches Predigen konfrontierte Männer und Frauen mit ihren Defiziten. Sünder schrien zu Gott um Gnade, um nicht von seinem Zorn verzehrt zu werden. Eine Bekehrung war keine gemütliche Angelegenheit, sondern die Menschen suchten Gott, um ihre „Berufung und Erwählung festzumachen" (2. Petrus 1,10).

Jemand sagte einmal, dass die Kennzeichen einer starken Gemeinde nasse Augen, gebeugte Knie und ein zerbrochenes Herz seien. Wir werden erst dann Einfluss haben, wenn wir Gott Gott sein lassen und seine Ehre eifersüchtig verteidigen.

Unsere Aufgabe

Wie können wir den Trend zu einer anthropozentrischen Theologie aufhalten? Wir täten gut daran, diese neue „Reformation" zu vergessen und zur alten zurückzukehren. Wir sollten nicht davor zurückschrecken, die unbeliebte Botschaft des Paulus zu predigen – davon, dass der Mensch völlig verdorben und der Unbekehrte geistlich tot ist. Natürlich sollten wir in Liebe und ohne selbstgerechte Verurteilung anderer predigen. Doch Wahrheit ist Wahrheit, und Halbwahrheiten richten oft denselben Schaden an wie die Unwahrheit.

Bitte verstehen Sie mich nicht so, dass ich der Ansicht wäre, wir müssten uns auf ein Podest der Selbstgerechtigkeit stellen und zornig die Sünde anprangern. Viel zu viele zornige Pastoren machen ihrer Feindseligkeit Luft, indem sie gegen die Sünde wettern, als ob sie selbst keinen Anteil daran hätten. Wir müssen die Wahrheiten der Bibel predigen, aber in einer Haltung, die von eigener Buße und Demut zeugt.

Wir sollten uns nicht dafür schämen, mit Luther und Calvin einzuräumen, dass die Buße ein Geschenk Gottes ist, das nur denen gewährt wird, die seine Gnade erbitten und nötig haben. Die höchste Berufung des Menschen ist die Anbetung Gottes. Ja, die Schöpfung ist zu Gottes Wohlgefallen da. Dieser traditionelle Schwerpunkt führt uns zum realistischen Selbstverständnis. Eine solche Erhöhung Gottes wird uns keinesfalls unserer Würde berauben, sondern uns helfen, uns so zu sehen, wie er uns sieht.

König Nebukadnezar sah sich selbst so, wie manche Humanisten es heute empfehlen: Er hatte Selbstbewusstsein, Selbstachtung und war scheinbar eine integre Persönlichkeit. Er war ein positiver Denker, dessen große Pläne umgesetzt wurden. „Das ist das große Babel, das ich erbaut habe zur Königsstadt durch meine große Macht zu Ehren meiner Herrlichkeit", sagte er (Daniel 4,27). Sein Hunger nach Ehre war gestillt.

Gott antwortete darauf, indem er ihn mit Wahnsinn strafte. Nebukadnezar lebte mit den Tieren des Feldes und fraß Gras wie die Rinder. Seine Haare wuchsen wie Adlerfedern und seine Nägel wie Vogelklauen. Diese Erfahrung erlöste ihn von einer verzerrten Selbstwahrnehmung. Als er schließlich erkannte, wer er in Gottes Augen war, erhielt er seinen Verstand und seine Stellung als König zurück.

Da pries und ehrte er Gott,

> Wir sollten uns nicht dafür schämen einzuräumen, dass die Buße ein Geschenk Gottes ist, das nur denen gewährt wird, die seine Gnade erbitten und nötig haben.

der ewig lebt, dessen Gewalt ewig ist
und dessen Reich für und für währt,
gegen den alle, die auf Erden wohnen,
für nichts zu rechnen sind.
Er macht's, wie er will, mit den Mächten im Himmel
und mit denen, die auf Erden wohnen.
Und niemand kann seiner Hand wehren
noch zu ihm sagen: Was machst du?
(Daniel 4,31-32)

Da segnete ihn Gott, weil er wusste, dass er der Ton und Gott der Töpfer war. Nebukadnezar verstand, dass Gott in der Theologie zuerst kommt. In unserem Hang zum Kreisen um uns selbst und nicht um Gott ist das eine Wahrheit, die wir von Neuem betonen müssen.

16
Prioritäten setzen

Kein Pastor möchte die Leiter des Erfolgs erklimmen, nur um festzustellen, dass sie an der falschen Wand lehnt! Wir alle wollen mit der Gewissheit sterben, dass wir nicht nur Gutes, sondern das Beste getan haben. Beim Dienen für Jesus und die zwölf Jünger tat Marta, was *nützlich* war, doch Jesus wies sie darauf hin, dass sie die eine Sache, die *notwendig* war, vernachlässigt hatte. Trotz ihrer guten Absichten lagen ihre Prioritäten falsch.

Erfolg beruht auf einer Reihe richtiger Entscheidungen. Jeden Tag stehen wir an einer Weggabelung. Wenn wir zu der einen Handlungsweise ja sagen, müssen wir zu einer anderen nein sagen. Wenn wir an einem Abend mit unserer Familie ausgehen, bedeutet das, dass wir den Patienten im Krankenhaus enttäuschen, der einen Besuch des Pastors für überfällig hält. Wenn wir uns mit jemandem zum Mittagessen treffen, bedeutet das, dass wir weniger Zeit zum Bibelstudium haben.

„Effektive Leitung", sagt Ted Engstrom, „ist die Bereitschaft, für gesetzte Ziele Opfer zu bringen." Wir müssen wissen, was wir erreichen wollen, und dann mit zielstrebiger Entschlossenheit darauf zugehen. Wie D. L. Moody sagte: „Tu eine Sache ganz und nicht vierzig Sachen halb."

Doch was sollen unsere Prioritäten sein? Wofür sollten wir unsere Zeit einsetzen, wenn es eine unendliche Anzahl lohnenswerter Aufgaben gibt, zwischen denen wir uns entscheiden müssen? Der Gedanke, dass wir vor Christus Rechenschaft ablegen müssen, für die Taten, die wir getan haben, seien sie gut oder schlecht, sollte uns ernüchtern und uns dabei helfen, Prioritäten zu setzen.

Jeder Pastor muss dabei seinen eigenen Weg finden. Es gibt keine *richtige* Antwort auf die Frage, wie viel Zeit man jede Woche für Seelsorge und wie viel für Besuche aufbringen sollte. Diese Dinge werden von Ihren Gaben, der Größe Ihrer Gemeinde und deren Erwartungen abhängen.

> Tu eine Sache ganz und nicht vierzig Sachen halb.

Doch es gibt Grundsätze, die uns unabhängig von unserer konkreten beruflichen Situation leiten sollten. Die folgende Prioritätenliste ist mir eine Hilfe, die vielen Möglichkeiten, mit denen wir in der Gemeindeleitung konfrontiert sind, zu ordnen.

Beten ist wichtiger als Predigen

Wenn ich behaupte, dass Beten wichtiger als Predigen ist, meine ich damit nicht, dass wir mehr Zeit auf das Gebet als auf das Bibelstudium verwenden sollten – obwohl es Zeiten geben mag, in denen das nützlich wäre. Ich will damit sagen, dass wir unsere Gebetszeit noch stärker schützen müssen als die Zeit für das Bibelstudium. Wenn wir dazu gezwungen sind zu wählen, soll das Gebet die oberste Priorität haben.

So war das auch bei Jesus, der einen Großteil seines Dienstes im Gebet verbrachte. An einem Tag staunte die Menge so sehr über seine Wunder, dass sich eine ganze Stadt vor der Tür versammelte. Es war der Traum eines Pastors: überall waren Menschen. Am nächsten Morgen stand er früh auf und ging zu einer abgeschiedenen Stelle, um zu beten. Petrus und einige andere Jünger unterbrachen ihn und sagten: „Jedermann sucht dich" (Markus 1,37).

Was hätten wir getan? Wir wären nach Kapernaum zurückgegangen, um die Erwartungen der Menschen zu erfüllen. Doch Jesus sagte zu seinen Jüngern: „Lasst uns anderswohin gehen, in die nächsten Städte, dass ich auch dort predige; denn dazu bin ich gekommen" (V. 38).

Weil er noch andere Aufgaben hatte, ließ er die Menge enttäuscht zurück. Er weigerte sich, sich von den Menschen seinen Arbeitsplan diktieren zu lassen. Die Gebetzeit am Morgen war ihm wichtiger als seine Arbeit.

Jesus lehrte, dass der Mensch unaufhörlich beten und sich nicht vom Glauben abwenden soll. Damit meinte er, dass wir entweder das eine *oder* das andere tun. Auch wenn jemand von Natur aus begabt sein mag, muss er durch mühevolle Gebetsarbeit wachsen. Obwohl wir mehr Zeit damit verbringen sollten, uns inhaltlich auf das Predigen vorzubereiten, haben große Männer des Glaubens oft die gleiche Zeit im Gebet verbracht, um ihr Herz vorzubereiten. Das Gebet, so wird gesagt, ist nicht die Vorbereitung auf die Arbeit, *es ist* die Arbeit.

Wenn Ihr Gebetsleben mittelmäßig und unregelmäßig ist, sollte es Ihre oberste Priorität sein, Zeit für diese Übung einzuräumen. Es muss nicht am Morgen sein, doch ich habe die Erfahrung gemacht, dass ich, wenn ich nicht vor neun Uhr morgens Zeit mit Gott verbracht habe, häufig den Rest des Tages gar nicht mehr zum Beten komme. Sie könnten mit fünfzehn Minuten oder einer halben Stunde beginnen. Doch wie Sie es auch halten, Sie sollten es so wichtig nehmen, dass nur ein Notfall Ihre Verabredung mit Gott im Gebet verhindern kann.

Predigen ist wichtiger als Verwaltung

Viele Pastoren verbringen so viel Zeit damit, die Gemeinde zu verwalten, dass sie wenig Zeit zum Studieren oder Nachdenken übrig haben. Die Versuchung besteht darin, den Großteil unserer Zeit mit unseren „Lieblingsbereichen" zu verbringen. Wer es liebt, sich mit einem inhaltlichen Thema zu beschäftigen, vernachlässigt oft die Verwaltung. Wer in der Verwaltungsarbeit aufgeht, vernachlässigt das Studium. Gesegnet sei die Gemeinde, deren Pastor beide Gaben hat!

Ausschüsse sind notwendig. Noch wichtiger ist eine Vision und die Fähigkeit, die Gemeinde zu den Zielen hinzuführen, die sie erreichen soll. Doch wenn es hart auf hart kommt, ist es der Predigtdienst, der uns den größten Einfluss gibt. Eine Gemeinde kann sich gewöhnlich mit mangelhafter Verwaltungsarbeit abfinden, wenn sie einen wirkungsvollen Prediger hat. Nichts ist so erbärmlich, wie wenn die Leute zum Gottesdienst kommen und ohne geistliche Nahrung wieder nach Hause gehen.

> Ein weiser Pastor wird sich auf seine Stärken besinnen und alle anderen Aufgaben delegieren.

Die Kunst des Delegierens ist eine Möglichkeit, mehr Zeit aus einem stressigen Tag zu schlagen. Fragen Sie sich, ob nicht jemand anders das erledigen könnte, was Sie gerade tun. Geben Sie – in einem sinnvollen Rahmen – großzügig so viele Aufgaben ab, wie Sie können. Wenn Sie das tun, werden Sie pro Woche mehrere Stunden einsparen. Haben wir vergessen, dass kein Mensch alle Gaben besitzt, dass es im Leib Christi auch noch Platz für andere gibt? Oder sind wir so versessen darauf, die Kontrolle zu behalten, dass wir nichts aus den Händen geben wollen? Vielleicht sollten wir unser Verlangen danach am Fuß des Kreuzes ablegen.

Ein weiser Pastor wird sich auf seine Stärken besinnen und alle anderen Aufgaben delegieren. Ich persönlich ziehe es vor abzulehnen, wenn ich zur Mitarbeit in weiteren Gremien, Ausschüssen und Sitzungen eingeladen werde. Weil meine hauptsächlichen Gaben Predigen und Schreiben sind, möchte ich sie nutzen, so gut ich kann.

Nehmen Sie sich mit mir zusammen Folgendes vor: *Wir machen das Predigen zu einer wichtigen Angelegenheit!*

Die Familie ist wichtiger als die Gemeinde

Es ist schon so oft betont worden, wie wichtig die Familie ist, dass es eigentlich nicht wiederholt werden muss. Doch viele von uns haben es immer noch nicht verstanden. Als Pfarrer erhalten wir Anerkennung durch unsere Gemeinde. Unsere Erfolge und Misserfolge sind vielen bekannt, nicht nur ein paar Arbeitskollegen im Büro. Infolgedessen fühlen wir uns dem Druck der öffentlichen Meinung ausgesetzt. Das erklärt die große Versuchung, die Erwartungen der Gemeinde über die Bedürfnisse der Frau und der Kinder zu stellen.

Der Pfarrer fühlt sich oft, als ob er viele Chefs hätte. Doch wenn er versucht, alle zufrieden zu stellen, wird er die Gefühle seiner Liebsten ignorieren – der Menschen, die sich wenigstens eine Zeit lang damit abfinden, vernachlässigt zu werden.

Um unserer Überzeugung Nachdruck zu verleihen, dass die Familie wichtiger ist als die Gemeinde, sollte jeder von uns einige harte, bewusste Entscheidungen zugunsten seiner Familie treffen. Wir sollten mit Frau und Kindern in die Eisdiele gehen, statt an einer Sitzung des Finanzausschusses teilzunehmen – wenigstens einmal! Unternehmen Sie an einem Abend etwas mit Ihrer Familie und schwänzen Sie die Kindergottesdienst-Vorbereitung!

Wenn ich auf die Jahre meines Dienstes zurückblicke, wünschte ich, ich wäre entspannter und spontaner im Umgang mit meiner Frau und meinen Kindern gewesen. Ich habe versucht, Verpflichtungen als Gastredner zugunsten meiner Familie und der Gemeinde zu reduzieren. Doch oft sind es die kleinen Entscheidungen im Alltag, in denen sich wirklich zeigt, ob wir unsere Familien höher achten als die Leute, die direkt oder indirekt unser Gehalt zahlen.

Fangen Sie heute damit an, einige schwere Entscheidungen zugunsten Ihrer Familie zu treffen! Wir sollten uns nicht von der weit verbreiteten Vorstellung verleiten lassen, dass „wertvolle Zeit" wichtiger sei als „viel Zeit". Natürlich muss alles im Gleichgewicht sein, aber gewöhnlich sind es unsere Familien, die Abstriche machen müssen.

Treue ist wichtiger als Wettbewerb

Man verliert in seinem Dienst als Pfarrer oft den Mut, wenn man sich mit anderen vergleicht. Gemeindeglieder vergleichen uns mit Konferenzpredigern oder dem Leiter der Supergemeinde, der gerade sein drittes Bauprojekt durchführt.

Es gibt unzählige Geschichten über erfolgreiche Gemeindearbeit. Wenn wir uns auf sie konzentrieren, werden wir bald mit unserem Teil von Gottes Weinberg unzufrieden sein. Wir können erst dann sicher sein, dass wir den Geist des Vergleichens überwunden haben, wenn wir fähig sind, uns am Erfolg derer zu freuen, die begabter sind als wir. Wenn wir uns mit unserem kleinen Teil vom großen Werk Gottes zufrieden geben, werden wir Befriedigung und Erfüllung erfahren.

Eine Legende erzählt, dass Christus einmal jeden seiner Jünger bat, einen Stein aufzuheben und zu tragen. Nach ein paar Tagen verwandelte er die Steine in Brote. Diejenigen, die die größeren Steine getragen hatten, waren froh darüber. Als Christus sie bat, wiederum Steine zu wählen, entschieden sich alle Jünger für die schweren. Doch nach vielen Tagen sagte Christus zu ihnen, sie sollten die Steine einfach in den Fluss werfen. Die Jünger waren verblüfft und wunderten sich über die Sinnlosigkeit der Handlung. Aber Christus sagte zu ihnen: „Für wen tragt ihr die Steine?"

Wenn wir die Steine für Jesus tragen, wird nicht wichtig sein, was er mit ihnen tut. Es geht nicht darum, ob unsere Steine zu Brot werden, sondern ob der Meister zufrieden ist. Er will Treue und nicht unsere Vorstellung von Erfolg.

Liebe ist wichtiger als Können

Es liegt auf der Hand, dass wir ohne Gaben, die uns für die Anforderungen der Gemeindeleitung qualifizieren, unseren Dienst nicht ausüben könnten. Wir müssen das Wort Gottes kennen und mitteilen können. Und wir müssen fähig sein, zu leiten und mit Menschen zu arbeiten.

Doch erstaunlicherweise bewertet Paulus diese wesentlichen Dinge nicht so hoch wie die Qualität unserer Liebe. Eindrucksvoll reden zu können, die Gabe der Prophetie einzusetzen, Glauben zu haben, der Berge versetzen kann, ja sogar, allen Besitz den Armen zu geben – dies alles ist Torheit ohne die Liebe (1. Korinther 13,1-3).

Natürlich reicht Liebe allein nicht aus, um Hirte einer Gemeinde zu sein. Doch Paulus würde dazu sagen, dass wir uns zuerst auf die Liebe konzentrieren sollen. Wenn wir vor einer Entscheidung stehen, sollen wir erst Liebesfähigkeit entwickeln und dann erst die Fähigkeit, unseren Dienst auszuüben.

Selbst die beste Bibelauslegung kann Menschenleben nicht verändern, wenn sie nicht durch eine Persönlichkeit vermittelt wird, die von Liebe erfüllt ist. Wenn wir mit harten Worten gegen die Sünde predigen, motivieren wir die Gemeinde selten dazu, gottesfürchtiger zu werden. Doch wenn wir mit einem zerbrochenen Herzen und mit Liebe predigen, bringt der Heilige Geist verhärtete Herzen zum Schmelzen. Wir können es nicht oft genug sagen: *Ohne Liebe seid ihr nichts.*

Für manche von uns ist vielleicht schon die Hälfte des Dienstes vorbei. An dieser Stelle werden wir nie wieder stehen. Wenn unsere Prioritäten falsch liegen, ist jetzt die Zeit, sie in die richtige Reihenfolge zu bringen. Bevor wir uns umsehen, wird unser Dienst zu Ende sein.

Sehen Sie sich Ihren Terminkalender an und fragen Sie sich, was Sie ändern könnten, wenn Sie nach Gottes Prioritäten leben wollen. Als ein berühmter Bildhauer gefragt wurde, wie er einen Elefanten mache, gab er zurück: „Ich nehme einen Marmorblock und schneide alles heraus, was nicht nach Elefant aussieht."

Nehmen Sie einen Block Ihrer Zeit und schneiden Sie alles heraus, was keine wichtige Priorität ist! Bringen Sie Ihre Aktivitäten in eine Reihenfolge, angefangen bei der wertvollsten. Wenn wir uns bewusst dafür entscheiden, mehr Zeit für die Dinge zu haben, die in Gottes Augen wichtig sind, werden wir wahrscheinlich feststellen, dass wir mehr schaffen als je zuvor. Wenn wir zuerst nach dem Reich Gottes trachten und nach seiner Gerechtigkeit, werden wir auch weiterhin effektive Arbeit leisten. Erst wenn wir die entscheidenden Dinge getan haben, geben wir Gott die Möglichkeit, unserem Dienst andere Dinge hinzuzufügen, die wir zuvor für das Wichtigste hielten.

Wenn uns unsere Prioritäten nicht klar sind, wird es auch in unserem Dienst an Klarheit fehlen.

17
Wenn Pastoren scheitern

Kürzlich sprach ich mit einem entmutigten Pastor. Seine Diakone unterstützten ihn nicht, die Gemeinde schien gleichgültig und seine Frau beklagte sich über sein Gehalt. Er überlegte, wie er auf ehrenhafte Weise gehen könnte, suchte nach einem Weg, seinen Dienst mit Würde niederzulegen. Er hatte vor, sich bei einer Firma zu bewerben, bei der er vor seiner theologischen Ausbildung im Verkauf gearbeitet hatte. Ob er nun zum hauptamtlichen Dienst berufen war oder nicht – er fühlte sich, als ob er sein Bestes gegeben hätte, jedoch dafür mit einer entmutigenden Erfahrung nach der anderen gestraft worden war.

Was macht einen Misserfolg aus?

War dieser Pastor ein Versager? Die Antwort hängt von der jeweiligen Perspektive ab.

Es gibt mindestens zwei Arten von Misserfolg. Wir können in den Augen der Menschen versagen. Das verletzt unser Ego. Diejenigen unter uns, die mit ihrem Dienst in der Öffentlichkeit stehen, werden von vielen Menschen beobachtet. Ein Rücktritt „in aller Stille" ist nicht möglich. Und wenn wir nicht zu einer größeren Gemeinde wechseln, werden wir oft als Versager gesehen.

Natürlich ist es möglich, in den Augen der Menschen zu versagen und in den Augen Gottes erfolgreich zu sein. Der Prophet Jesaja war dazu berufen, ein Versager zu sein (Jesaja 6) Wenn man Meinungsumfragen zu seinem Dienst durchführen würde, würde er nicht den Preis für den herausragendsten Propheten gewinnen.

Doch das Umgekehrte ist auch möglich: Wir können in den

Augen der Menschen erfolgreich sein, jedoch in Gottes Augen versagen. Bei dieser zweiten Art von Misserfolg reden wir uns vielleicht ein, dass unser Erfolg zur Ehre Gottes dient. Unser heimliches Motiv könnte aber Selbstverherrlichung sein.

Dies führt zu der Frage: Ist es möglich, eine Berufung von Gott zu haben und darin zu versagen? Ja. Genau das passierte den Jüngern nach Lukas 9.

Das Versagen der Jünger

Petrus, Jakobus und Johannes waren gerade mit dem Herrn Jesus Christus vom Berg der Verklärung hinabgestiegen. Eine Menschenmenge war versammelt, weil die anderen Jünger versucht hatten, einen Jungen von seiner Besessenheit von einem Dämonen zu befreien.

Der Vater des Jungen rannte nun auf Jesus zu und rief: „Meister, ich bitte dich, sieh doch nach meinem Sohn; denn er ist mein einziger Sohn. Siehe, ein Geist ergreift ihn, dass er plötzlich aufschreit, und er reißt ihn, dass er Schaum vor dem Mund hat, und lässt kaum von ihm ab und reibt ihn ganz auf. Und ich habe deine Jünger gebeten, dass sie ihn austrieben, und sie konnten es nicht" (Lukas 9,38-40).

Und sie konnten es nicht! Da haben Sie Versagen im Dienst. Wie jeder Prediger weiß, ist es schwer, überhaupt eine Menschenmenge zusammenzubekommen. Und wenn Sie eine Menge Leute vor sich haben, möchten Sie gerne in Bestform sein. Doch obwohl die Jünger wollten, dass Gott verherrlicht wurde, konnten sie das Wunder nicht vollbringen. Die Menge war kurz davor, enttäuscht wieder zu gehen.

Wir sollten es den Jüngern anrechnen, dass sie es versuchten. Manche Pastoren würden nicht einmal versuchen, einen Dämonen auszutreiben. Zumindest setzten sich die Jünger der Gefahr aus, als Versager dazustehen. Sie scheuten nicht davor zurück.

Und doch versagten sie. Waren sie über ihre Berufung hinausgegangen? Hatten sie sich an eine Aufgabe gewagt, die über ihre Fähigkeiten und Glaubenstiefe hinausging? Nein. Zu einem früheren Zeitpunkt hatte Christus die Zwölf zusammengerufen, und ihnen „Gewalt und Macht über *alle* bösen Geister" gegeben (Lukas 9,1; Hervorhebung E.L.). Sie hätten also fähig sein sollen, diesen Dämon auszutreiben.

Bewegten sie sich außerhalb des Willens Gottes? Nein, sie waren genau dort, wo Gott sie haben wollte. Doch manchmal erleben wir, während wir den Willen Gottes tun, die größten Schwierigkeiten. Wir können genau bei der Aufgabe versagen, zu der uns Gott berufen hat.

Bei einer anderen Gelegenheit waren die Jünger gebeten worden, über den See Genezareth zu fahren und Jesus auf der anderen Seite zu treffen. Doch obwohl sie gehorsam waren, gerieten sie auf dem See in bedrohlichen Sturm. Ja, der Wille Gottes ist oft mit Schwierigkeiten und Gefahren verbunden. Gerade dann erleben wir oft den größten Widerstand.

Doch nun, als die Jünger am Fuße jenes Berges standen und versuchten, einen Dämon auszutreiben, schien ihre Berufung ungültig zu sein. Ihr Auftrag wurde nicht erfüllt und ihre Autorität zeigte keine Wirkung. Warum? Der Text gibt uns drei Gründe.

Gründe für ihr Versagen

Erstens mangelte es ihnen an *Glauben*. Christus antwortet ihnen: „O du ungläubiges und verkehrtes Geschlecht, wie lange soll ich bei euch sein und euch erdulden?" (V. 41)

Jesus nennt sie ungläubig. Warum auch immer – sie hatten für dieses Wunder nicht genug Glauben.

Wir Pastoren können uns damit identifizieren. Fast jedes Problem, das es in der Gemeinde gibt, kommt uns schließlich zu Ohren.

Wir erleben Scheidungen, Ehebruch und Auseinandersetzungen. Unter dem Gewicht solcher Entmutigungen ist es nicht schwer, Zweifel zu hegen.

„Wenn Jesu Macht so groß ist – warum heilt er dann nicht diese Ehe? Warum hilft er nicht ...?" An diesem Punkt erfasst uns eine geistliche Lähmung, wir sind plötzlich unfähig, unserer Berufung gerecht zu werden. Ohne den Glauben sind wir machtlos.

Wir wissen, wie entmutigend es sein kann, wenn nichts nach Plan läuft, wenn unsere Familie durchgeschüttelt wird, und wenn sich Gemeindeglieder gegen uns wenden. Wenn unser Vertrauen zu Gott abbröckelt, geraten wir in Gefahr, zu versagen. Christus nannte seine Jünger ein „ungläubiges Geschlecht".

Zweitens fehlte es ihnen an *Selbstbeherrschung*. In der Parallelstelle in Matthäus 17 fragen die Jünger Jesus, warum sie den Dämon nicht austreiben konnten, und er antwortet: „Wegen eures Kleinglaubens. Denn wahrlich, ich sage euch: Wenn ihr Glauben habt wie ein Senfkorn, so könnt ihr sagen zu diesem Berge: Heb dich dorthin! So wird er sich heben; und euch wird nichts unmöglich sein" (Matthäus 17,20). Dann fügt er hinzu: „Aber diese Art fährt nur aus durch Beten und Fasten" (V. 21).

Beten und fasten! Die Jünger hatten nicht automatisch Autorität. Nur weil sie in der Vergangenheit Dämonen ausgetrieben hatten, bedeutete das nicht, dass sie sich auf diese Autorität auch in Zukunft verlassen konnten. Sie würden nur durch inbrünstiges Gebet und Fasten in Gottes Vollmacht handeln können.

Vielleicht waren sie zu beschäftigt, um Zeit für geistliche Erneuerung zu finden. Oder sie hatten angefangen, sich auf ihren eigenen Erfolgen auszuruhen und zu meinen, sie seien zu beschäftigt, um sich den Grundlagen des Glaubens zu widmen.

Wir haben kein großes Talent für das Fasten. Warren Wiesbe sagt: „Lade zu einem Fest ein, und jeder wird da sein. Lade zum Fasten ein, und niemand wird kommen." Ohne geistliche Übungen wird aber unsere geistliche Funktionsfähigkeit gefährdet.

Es gibt eine Geschichte über einen Mann, der Bäume fällte. Er schlug wild auf die Stämme ein, der Schweiß rann ihm über die Stirn. Ein Freund kam vorbei und fragte ihn, ob er denn seine Axt geschärft hätte. Die Antwort: „Nein, ich muss diese Bäume bis Mittag umgehauen haben, deshalb habe ich keine Zeit, meine Axt zu schärfen." Doch natürlich wissen wir, dass die zehn Minuten, die er dazu gebraucht hätte, seine Axt zu schärfen, gut investiert gewesen wären. Gleichermaßen sind die geistlichen Übungen das Mittel, durch das wir gestärkt werden, durch das unsere „Axt" geschärft wird.

Drittens mangelte es den Jüngern an *Demut*. Sie stellten eine Frage, die wir in unserer Zeit oft hören, nämlich: „Wer von ihnen der Größte sei" (Lukas 9,46). Wer hat die größte Gemeinde, den besten Kindergottesdienst? Wer ist der beste Prediger, der beste Autor?

Diese Fragen enthüllen unseren angeborenen Drang zum Vergleichen. In einer dunklen Nacht können wir uns darüber streiten, welcher Stern der hellste ist, doch wenn die Sonne herauskommt, gibt es keinen Unterschied mehr – alle Sterne verblassen. Wenn wir aufhören, uns miteinander zu vergleichen, und uns mit Christus vergleichen, werden wir feststellen, dass es unter uns keine großen Unterschiede gibt.

> Wenn wir aufhören, uns miteinander zu vergleichen, und uns mit Christus vergleichen, werden wir feststellen, dass es unter uns keine großen Unterschiede gibt.

Paulus sagt, dass jene, die „sich nur mit sich selbst vergleichen", nichts verstehen (2. Korinther 10,12). Wir wissen nicht, wer der beste Prediger ist. Nur Gott kann das beurteilen.

Der Stolz der Jünger brachte sie auch dazu, andere zu kritisieren. Sie versuchten, jemanden davon abzuhalten, im Namen Christi Dämonen auszutreiben, „denn er folgt dir nicht nach mit uns" (Lukas 9,49). Dieser Mann war bei der Aufgabe erfolgreich, bei der sie selbst versagt hatten. Wie wir neigten sie dazu, gegenüber denen misstrauisch zu sein, die eine Aufgabe bewältigten, an der sie selbst gescheitert waren.

Oft benutzt Gott Menschen, die uns nicht passen. Mein Stolz hat mich gelegentlich davon abgehalten, mich am Erfolg anderer zu freuen, die nicht zu meiner Denomination gehören oder die eine andere Theologie vertreten. Wenn wir demütig sind, werden wir uns am Erfolg anderer erfreuen und unsere noch so kleinen Erfolge Gott zuschreiben.

Erinnern Sie sich an die Begebenheit in der Apostelgeschichte, als die Söhne des Hohenpriesters Skevas versuchten, im Namen Jesu einen Dämon auszutreiben? Sie hatten Paulus dabei zugesehen, wie er Menschen im Namen Jesu davon befreite. Also dachten diese jungen Männer, sie könnten dasselbe tun. Sie dachten, dass der Name Jesu eine Art Zauberspruch war, der eingesetzt werden konnte, wann immer sie es wollten. Doch da erlebten sie eine Überraschung.

„Aber der böse Geist antwortete und sprach zu ihnen: Jesus kenne ich wohl, und von Paulus weiß ich wohl; aber wer seid ihr? Und der Mensch, in dem der böse Geist war, stürzte sich auf sie und überwältigte sie alle und richtete sie so zu, dass sie nackt und verwundet aus dem Haus flohen" (Apostelgeschichte 19,15-16).

Was lernen wir daraus? Wir können unsere Autorität nicht als selbstverständlich betrachten. Es gehört mehr dazu, den Satan zu besiegen, als einfach den Namen Jesu zu verwenden. Ohne Hingabe und Disziplin können wir – das werden wir entdecken – unseren Dienst nicht ausüben.

Gründe für unser Versagen

Auch heute kommen Menschen, wenn es eine Demonstration der Macht Christi zu sehen gibt. Sie wollen sehen, wie sich Drogenabhängige bekehren und Ehen gerettet werden. Sie wollen hören, wie Menschen Lobpreislieder singen und wie Gottes Wort in Vollmacht verkündigt wird. Doch wenn wir nicht Glauben, Selbstdisziplin und Demut haben, werden wir nicht unserer Berufung gerecht werden können.

Wir werden zu diesem Berg sagen: „Wirf dich ins Meer!", oder dem Dämon befehlen: „Fahre aus in Jesu Namen!" Keiner von beiden wird sich bewegen, und die Menge wird sich enttäuscht zerstreuen. Wir wissen, dass wir berufen sind, doch unsere Autorität hat sich in Luft aufgelöst. Wir haben darin versagt, Gottes Werk zu tun.

Vielleicht war mein Freund, der vorhat, zurück in seine Firma zu gehen, nicht dazu berufen, Pastor zu werden. Vielleicht ist er auch in der falschen Gemeinde. Oder er lebt nach dem Willen Gottes, macht aber gerade eine „Wüstenzeit" durch und braucht einfach jemanden, der ihn ermutigt und ihm versichert, dass er geschätzt wird. Oder er hält seine Berufung einfach für selbstverständlich und lebt zu oberflächlich. Es kann sein, dass er nicht seine Berufung, sondern seine Autorität eingebüßt hat. Deshalb bewegen sich die Berge nicht, und die Dämonen weigern sich auszufahren.

Ich habe gelernt, dass Gott mich zurück zu den Glaubensgrundlagen ruft, wenn meine Autorität versagt. Glauben, Disziplin und Demut können uns zurück an den Ort des Segens bringen. Selbst Jünger, die einen Auftrag erhalten haben, versagen, wenn sie ihre Berufung für selbstverständlich halten.

> Glauben, Disziplin und Demut können uns zurück an den Ort des Segens bringen.

Pastoren nach Ehebruch zurück in den Dienst holen?

Ein Professor an einem Theologischen Seminar riet einmal seinen Studenten, dass sie sich schon einmal mit einem anderen Beruf anfreunden sollten, weil ein bestimmter Teil von ihnen irgendwann moralisch scheitern und den Dienst verlassen werde. Obwohl es uns bei einem solchen Rat schaudert, hatte der Professor wahrscheinlich Recht.

Vor ein paar Monaten hörte ich, dass ein Freund seinen Dienst wegen Ehebruchs niederlegen musste. Meine Reaktion war: „Von ihm hätte ich das am wenigsten erwartet." Doch leider werden die Letzten oft die Ersten sein.

Vor Jahren fragte ich einige evangelikale Gemeindeleiter, ob ein Pastor nach sexuellem Fehlverhalten wieder zurück in den Gemeindedienst gehen kann. Sie sagten, es sei möglich, doch sehr unwahrscheinlich. Nach 1. Timotheus 3,2 soll ein Ältester[21] „untadelig" bzw. „vorbildlich" (Übers.: Hoffnung für alle) sein. Wenn man einmal seinen Ruf durch Seitensprünge in der Ehe geschädigt hat, ist es schwer, das einmal enttäuschte Vertrauen zurückzugewinnen und wieder zu Ansehen zu kommen.

Viele Menschen glauben jedoch, dass sich Paulus' Prinzipien in dieser Textstelle auf die *gegenwärtige* geistliche Verfassung eines Ältesten beziehen. Zum Beispiel soll er „nicht geldgierig" sein (V. 3), doch das schließt nicht aus, dass er nicht schon einmal geldgierig war, auch nach seiner Bekehrung. Es gibt im Leben eines Christen Wachstum, Veränderung und Erneuerung.

Die genannten Eigenschaften beziehen sich auf einen Menschen, der sich geistlich weiterentwickelt und vergangene Sünden hinter sich gelassen hat. So erscheint es einleuchtend, dass auch jemand, der in sexueller Hinsicht gesündigt hat, jedoch bereut und sich in der Beichte gebeugt hat, wieder „untadelig" werden kann, weil er mit seiner Sünde im Sinne der Bibel umgegangen ist.

Diese informelle Umfrage führte ich allerdings durch, bevor mehrere Jahre später einige ziemlich bekannte Pastoren, die sich eines sexuellen Fehlverhaltens schuldig gemacht hatten, wieder eingeführt worden waren. Ich vermute, dass viele Leiter, wenn man sie heute befragte, eine positivere Einstellung dazu hätten, wenn solche Leute in den Dienst zurückkehren.

„Einerseits sind Pastoren Menschen wie alle anderen. Sie sündigen täglich. Andererseits arbeiten Pastoren in einem Beruf, in der die Herzenshaltung entscheidend ist. Sie sind dazu berufen, zu leiten und zu lehren, ein gutes Beispiel vorzuleben, und nicht, eine technische Fertigkeit zu vermitteln. Wenn Pastoren Ehebruch begehen, können sie vielen Gläubigen schaden."[22]

Ja, es ist immer so, dass der Ehebruch eines Gemeindeverantwortlichen negative Auswirkungen auf das Leben anderer hat. Manche werden ermutigt werden, selbst zu sündigen. Andere werden die Gewissheit verlieren, dass sexuelle Reinheit bewahrt werden kann.

Man könnte argumentieren, dass wir mit unseren Maßstäben inkonsequent umgehen. Während es die Sünde im sexuellen Bereich erforderlich macht, vom Dienst zurückzutreten, sehen wir über andere Sünden hinweg. Der Apostel Johannes definierte drei Wurzelsünden: „menschliche Leidenschaften, die Gier nach Besitz, überhaupt ein Leben voller Selbstgefälligkeit und Hochmut" (Hoffnung für alle). Und doch habe ich nie einen Pastor kennen gelernt, der wegen seines Stolzes oder seiner Geldgier zurücktreten musste.

Martin Luther schrieb, Gott lasse es oft zu, dass jemand einer schlimmen Sünde anheim falle oder in ihr bleibe, damit er in seinen eigenen Augen und in den Augen aller Menschen beschämt werde. Andernfalls könnte er sich von diesem großen Übel der Ehrsucht und des Strebens nach Berühmtheit nicht reinhalten, wenn er seinen großen Gaben und Tugenden treu geblieben wäre.[23] Ja, oft ist der Stolz die Wurzel anderer Sünden, auch im sexuellen Bereich.

Doch abgesehen davon, wie sehr der Stolz Gott beleidigt, ist sexuelle Sünde ein Fall für sich. Paulus schreibt: „Flieht die Hurerei! Alle Sünden, die der Mensch tut, bleiben außerhalb des Leibes; wer aber Hurerei treibt, der sündigt am eigenen Leibe" (1. Korinther 6,18).

Die Sexualität ist ein solch intimer Bereich unseres Lebens, dass wir durch unser Versagen dort zwangsläufig Schuld und Schande auf uns laden. Ehebruch hat auch Auswirkungen auf das Leben anderer Menschen. Zudem soll die Ehe die Beziehung zwischen Christus und der Gemeinde widerspiegeln. Wenn ein Pastor das enge Band der Ehe durchtrennt – wie kann er dann noch von der Kanzel die gute Nachricht verkündigen?

Es ist eine ernste Angelegenheit, wenn man sein Eheversprechen bricht, einem anderen Menschen durch eine intime, unheilige Vereinigung schadet und das Bild des Vertrauens zwischen Christus und seiner Gemeinde zerstört.

Weil sexuelle Sünde eine Schande ist, ist zudem der Drang, andere Sünden zu begehen, um die Tat zu vertuschen, stark. Wenn jemand König David gesagt hätte, dass er einen Mann erst betrunken machen und ihn schließlich töten lassen würde, um seinen Ehebruch zu vertuschen, hätte er es nicht geglaubt. Aber diese Sünde machte einen Lügner, Dieb und Mörder aus ihm.

Ein Gemeindeleiter, der eine Reihe von Fällen angeblicher Untreue untersucht hatte, sagte, er sei erstaunt, wie oft Pastoren logen, ja sogar den Namen Gottes beschworen, um ihre Sünde zu verstecken. Das sollte uns nicht erstaunen. Wenn jemand eines der deutlichsten Gebote Gottes übertreten kann, ist die Hemmschwelle bei anderen Sünden niedrig.

Dann entwickeln manche zudem ein Muster untreuen Verhaltens. Die Frau eines Pastors beklagte sich, dass er ihr nicht nur in ihrer ersten Gemeinde, sondern auch in jeder der nachfolgenden Stellen untreu war. Er glaubte weiterhin, er könnte ungeschoren davonkommen, weil niemand bereit war, sein Verhalten anzuprangern.

Doch einige Pastoren haben aufrichtig bereut und die Entscheidungen ihrer Gemeinde akzeptiert. Auch wenn sie nicht wieder dort eingesetzt werden können, können sie in einer anderen Gemeindearbeit ein Segen sein.

Die Möglichkeit der Wiedereinsetzung

In Galater 6,1 beantwortet Paulus die Fragen, die uns möglicherweise bei diesem Thema auf der Zunge liegen: „Liebe Brüder, wenn ein Mensch etwa von einer Verfehlung ereilt wird, so helft ihm wieder zurecht mit sanftmütigem Geist, ihr, die ihr geistlich seid; und sieh auf dich selbst, dass du nicht auch versucht werdest."

Was bedeutet es, jemanden wieder in sein Amt einzusetzen, der die Ehe gebrochen hat? Das griechische Wort „katartizo" bezog sich auch auf das Richten eines gebrochenen Knochens. Leider sind viele Knochen im Leib Christi im ausgerenkten Zustand und nicht wieder eingerenkt worden.

Der typische Fall eines Pastors, der eine schwerwiegende Sünde begangen hat, verläuft so: Er verlässt bald die Gemeinde, weiß nicht, wo er hingehen soll, und ist gezwungen, die Gegend zu verlassen. Vielleicht wird seine Gehaltszahlung eingestellt, ohne dass für seine Zukunft gesorgt ist. Aus Scham sucht er nicht die Gemeinschaft mit seinen Freunden. Sie sind unsicher, wie sie ihm begegnen sollen, deshalb legt sich ein Vorhang des Schweigens über ihn und seine Familie.

Die Frau des Pastors ist gewöhnlich tiefer verletzt, als sie jemals in Worte fassen könnte. Weil sie sich Jesus und der Gemeinde zugehörig fühlt, muss sie das sagen, was erwartet wird: Ja, sie vergibt ihrem Mann und, ja, sie wird daran arbeiten, dass ihre Ehe wieder funktioniert. Doch es kann Jahre dauern, bis wieder ein Vertrauensverhältnis entstanden und Freude in ihre Beziehung zurückgekehrt ist. Wie andere Ehepartner muss sie mit der schmerzhaften Realität leben, dass ihr Mann sein persönliches Versprechen gebrochen hat und mit jemand anders intim gewesen ist. Kein Wunder, dass die Erneuerung ihrer Ehe lange dauert.

Das Paar fühlt sich ausgestoßen. Seinen Freunden ist so unbehaglich zumute, dass sie das verletzte Paar nicht besuchen, weil sie nicht wissen, wie es reagieren wird oder was sie selbst sagen sollen. Deshalb sind Freunde, obwohl sie so dringend gebraucht werden, oft kein Halt.

An einem Abend ging ich mit zwei Freunden, die beide wegen Ehebruchs ihre Gemeinde verlassen hatten, essen. Ich fragte einen der beiden, wie viele Menschen zu ihm gekommen waren, um ihm zu helfen, und wie oft seine Freunde vorbeikamen, um mit ihm zu beten. Ich war schockiert von seiner Antwort: „Ich bekomme keinen Besuch. Niemand kommt vorbei, um mit uns zu beten." Obwohl Gemeindeglieder in seiner Nähe wohnten, erlebte er keine Reaktion. Wenn wir unsere Verwundeten auch nicht erschießen, lassen wir sie doch blutend am Straßenrand liegen.

Paulus nennt diejenigen, die die Initiative ergreifen sollen, beim Namen: „ihr, die ihr geistlich seid". Wenn jemand in Sünde fällt, wird der Unterschied zwischen „fleischlichen Christen" und „geistlichen Christen" deutlich. Fleischliche Christen werden unter dem Deckmantel der Heiligkeit einen Sünder verurteilen und immer die Höchststrafe fordern.

Der Pastor einer anderen Gemeinde sagte mir: Wenn ein Bruder sündige, legten manche Leute eher Freude als Kummer und Bedauern an den Tag. Ein selbstgerechter Christ benutzt diese Gelegenheit zur Selbstdarstellung, um auf einem verwundeten Bruder herumzuhacken. Egal wie sehr er in seinem eigenen Leben sündigt – ein selbstgerechter Mensch wird das moralische Versagen eines Pastors als Gelegenheit nehmen, entweder seine eigenen kleinen Verfehlungen zu rechtfertigen oder sich noch ein bisschen selbstgerechter zu fühlen.

Eine Gruppe von Pastoren saß zusammen und diskutierte die Neuigkeit, dass ein Kollege seinen Dienst wegen Gerüchten über sexuelle Untreue beendet hatte. Doch als einer von ihnen fragte, ob ihn irgend jemand angerufen habe, schwiegen sie alle. Ein wirklich geistlicher Gläubiger wird bekümmert sein und sich fragen, wie man seinen Kollegen zurück in seinen Dienst holen kann. Es ist nicht der sündige Bruder, der die Wiedereinführung initiieren sollte, sondern feinfühlige, geistliche Christen. Sie werden das Risiko eingehen, zu dem Betroffenen hinzugehen, obwohl die Möglichkeit besteht, dass sie von anderen missverstanden werden und den Vorwurf hören, dass sie „Sünde nicht ernst genug nehmen".

> Wir sollten nicht das ganze Spiel für verloren erklären, nur weil der Teufel eine Partie gewonnen hat!

Wie sollte schließlich eine Wiedereinführung geschehen? Paulus sagt, „mit sanftmütigem Geist" (Galater 6,1). Wenn jemand sich einen Knochen ausgerenkt hat, möchte er nicht, dass dieser mit einer Brechstange wieder eingerenkt wird. Er muss sanft wieder an seinen Platz gebracht werden. Verurteilung oder Selbstgerechtigkeit haben hier keinen Platz. Wir müssen uns bewusst werden, dass wir dieselbe Sünde begehen könnten.

Wenn der Bruder seine Sünde bekennt und bereut, kann er wieder in den Dienst aufgenommen werden. Das ist der erste Schritt im langen Heilungsprozess.

Sicher wird ein solcher Mensch fähig sein, dem Herrn wieder zu dienen, wenn auch vielleicht an anderer Stelle. Wir können nicht vorhersagen, was Gott noch durch das Leben eines reuigen, zurechtgebrachten Sünders tun wird! So fängt ein Vogel, der sich den Flügel gebrochen hatte, wieder an zu fliegen.

Wir sollten nicht das ganze Spiel für verloren erklären, nur weil der Teufel eine Partie gewonnen hat!

18
Wohin Christus die Gemeinde führen will

Immer, wenn ich gefragt werde: „Wo liegt Ihre Gemeinde?", bin ich versucht, zu antworten: „Sonntags befindet sie sich in der LaSalle-Straße in Chicago, doch während der Woche ist sie über ganz Chicago verteilt!"

Das Wort *Kirche*[24] bezeichnet im Neuen Testament kein Gebäude, sondern das Volk Gottes, diejenigen, die von Gott „herausgerufen" sind, um den Leib Christi zu bilden. Es bezieht sich auf die Heiligen auf der Erde und auch auf die im Himmel. Die Kirchen, die auf einem Berg stehen und von einem Friedhof umgeben sind, weisen uns auf eine wichtige geistliche Wahrheit hin: Die noch kämpfenden Heiligen und die schon siegreichen Heiligen gehören zu derselben Familie. Deshalb umgibt der Friedhof die Kirche: Man muss erst durch die Reihen der Diplomierten gehen, bevor man zu den Erstsemestern gelangt!

Es war wohl Reinhold Niebuhr, der schrieb, dass die Gemeinde ihn an die Arche Noah erinnert – man könne den Gestank drinnen nur aushalten, weil draußen der Sturm tobe! Was auch immer wir über die Gemeinde sagen – sie ist die oberste Priorität auf Gottes Agenda und sein Entwurf dafür, wie seine Pläne auf Erden zur Vollendung gebracht werden. Als Jesus die Gründung der Gemeinde vorhersagte, betonte er die Verheißung für die Gemeinde, zu der wir immer wieder zurückkehren können, um die richtige Perspektive zu gewinnen: „Und ich sage dir auch: Du bist Petrus, und auf diesen Felsen will ich meine Gemeinde bauen, und die Pforten der Hölle sollen sie nicht überwältigen" (Matthäus 16,18).

Wenn wir das begriffen haben, werden wir frei und fröhlich

dienen können. Was lernen wir aus diesem Ausspruch Jesu über die Gemeinde?

Die Gemeinde gehört Christus

„Ich werde *meine* Gemeinde bauen" (Hervorhebung E.L.). Für uns wurde ein hoher Preis bezahlt. Verständlicherweise sind wir darum Gottes Eigentum. Wenn sich der Wert eines Objekts danach richtet, wie viel dafür bezahlt wurde, dann sind wir wirklich wertvoll! Wir wurden nicht mit Silber und Gold erkauft, sondern mit dem kostbaren Blut Jesu Christi. Das Kreuz Christi ist ein immerwährendes Zeugnis dafür, wie viel die Menschen Gott tatsächlich wert sind! Natürlich sind wir nicht an sich und aus uns selbst wertvoll. Wir sind wertvoll, weil Gott sich dafür entschied, uns zu lieben. Als er die Entscheidung traf, für uns zu sterben, bekräftigte der Herr damit, dass wir ihm unendlich wert sind.

Was das für unseren Dienst bedeutet, liegt auf der Hand. Gottes Volk ist nicht für sich selbst, sondern für *ihn* da. In unseren zwischenmenschlichen Beziehungen dürfen wir nicht vergessen, dass wir hier mit Gottes Eigentum umgehen, mit seinem Volk, das er für seine eigenen Ziele erlöst hat. Deshalb werden Gemeindeleiter zur Demut ermahnt und nicht zu einem diktatorischen Führungsstil aufgerufen: „Die Ältesten unter euch ermahne ich, der Mitälteste und Zeuge der Leiden Christi, der ich auch teilhabe an der Herrlichkeit, die offenbart werden soll: Weidet die Herde Gottes, die euch anbefohlen ist; achtet auf sie, nicht gezwungen, sondern freiwillig, wie es Gott gefällt; nicht um schändlichen Gewinns willen, sondern von Herzensgrund; nicht als Herren über die Gemeinde, sondern als Vorbilder der Herde" (1. Petrus 5,1-3).

> Gottes Volk ist nicht für sich selbst, sondern für ihn da.

In der Gemeinde haben Manipulation oder Zwang nichts verloren. Sicher, Gemeindeleiter müssen Autorität ausüben, wie die Bibel es lehrt, doch nicht mit dem heimlichen Wunsch, dadurch als erfolgreich zu gelten. Alle Spendenaufrufe und Bauprojekte müssen genau geprüft und nach verborgenen Motiven untersucht werden. Warum? Weil wir es mit Gottes Volk, seinem Werk zu tun haben.

> Wie entlastend ist es, wenn ich erkenne, dass die Menschen in meiner Gemeinde Gottes Eigentum sind!

Außerdem sind wir einander Rechenschaft schuldig. Der Leiter, der behauptet, dass er nur Gott Rechenschaft schuldet, zeigt damit, dass er arrogant und unwissend ist. Er vergisst, dass Gott von jedem Glied des Leibes erwartet, sich den anderen unterzuordnen und ihnen zu dienen. Alle Gläubigen gehören zu derselben Familie und haben Privilegien und Aufgaben.

Immer wenn ich fleischliche Methoden anwende, um geistliche Ziele zu erreichen, habe ich vergessen, wem die Gemeinde gehört. Immer wenn ich auf die neidisch bin, die erfolgreicher sind als ich, oder wenn ich die Gemeinde dazu benutze, um mich darzustellen oder als erfolgreich dazustehen, habe ich vergessen, wem die Gemeinde gehört.

Wie entlastend ist es, wenn ich erkenne, dass die Menschen in meiner Gemeinde Gottes Eigentum sind! Sind Sie nicht auch froh, dass Ihnen die Leute, die sich störrisch weigern, Ihre Ansicht zu teilen, gar nicht gehören? Wie Mose müssen wir Gott von Zeit zu Zeit sagen: „Denk dran, dies ist dein Volk!"

Wenn Sie Ihre Gemeinde noch nie Gott übergeben haben, dann könnten Sie das jetzt tun. Sie werden darin eine neue Befreiung zum Dienst finden, wenn Sie Gott als rechtmäßigen Eigentümer seines Volkes anerkennen.

Die Gemeinde wird von Christus erbaut

„Ich werde meine Gemeinde bauen", sagte Christus (Hervorhebung E.L.). Mitten in unserer Nachfolge und der evangelistischen Arbeit müssen wir erkennen, dass wir Christi Werk nicht an seiner Stelle tun können. Bevor er sie verließ, beauftragte er die Jünger, alle Völker zu Jüngern zu machen, genau wie er es auf Erden getan hatte. Nun sind wir seine Statthalter, die während dieser Zeit seiner körperlichen Abwesenheit auf der Erde für ihn einstehen. Er machte keine Jünger „en masse", und wir können es auch nicht!

Vor einigen Jahren nahm ich an einer gemeinsamen Veranstaltung der Nationalen Religiösen Radio- und Fernsehsender und der Nationalen Vereinigung evangelikaler Christen in Washington teil. Dort gab es Hunderte von Präsentationen der neuesten technologischen Entwicklungen, die alle dazu genutzt wurden, das Evangelium in der Welt zu verbreiten. Nachdem ich durch die Hallen gewandert war, fragte ich mich, wie es die frühe Kirche jemals geschafft hatte!

Natürlich war es für die ersten Christen nicht so leicht. Jüngerschaftsschulung geschah so, dass der eine ganz praktisch vom Leben des anderen lernte. Weil die Gläubigen damals keine Massenmedien zur Verfügung hatten, waren sie gezwungen, mit ihrem eigenen Leben und ihren eigenen Lippen Zeugnis zu geben, jedem, der ihnen begegnete. So wurde die Gemeinde gebaut, und Christus will, dass sie genau so auch heute erbaut wird. Wir können für die christlichen Medien dankbar sein, doch sie können den Gemeindeaufbau nicht ersetzen.

Die Steine für Salomos Tempel wurden in einem entfernten Steinbruch gehauen, nach Jerusalem gebracht und ganz ohne den Lärm eines Hammers zusammengefügt. Im Epheserbrief sagt Paulus, dass Gott ein Haus baut und die Gläubigen als Steine nimmt. Er wählt die aus, die er retten will, und setzt sie in Beziehung zueinander und zu sich selbst. Er fügt uns so zu einem

Bauwerk zusammen, wie es ihm gefällt. Er baut sich einen Ort, an dem er selbst wohnen wird (Epheser 2,20-22).

Gemeindeaufbau ist nicht uns selbst überlassen, obwohl wir an dem Prozess teilnehmen. Unsere Aufgabe ist es herauszufinden, wie Christus arbeitete, und dann seine Methoden nachzuahmen. Die Erkenntnis, dass er selbst der Baumeister ist, gibt uns Hoffnung und Mut im Prozess des Bauens.

Heute wird viel über die Methoden des Gemeindewachstums geschrieben und wie man eine Gemeinde für „Suchende" attraktiver machen kann. Sicher können wir vieles von denen lernen, die eine Gemeinde mit Erfolg von ein paar hundert zu vielen tausend Gemeindegliedern geführt haben. Das Problem besteht darin, dass der Erfolg oftmals auf eine bestimmte Methode oder einen bestimmten Ansatz zurückgeführt wird. Ist es nicht Zeit, dass wir wachsende Gemeinden allein dadurch erklären, dass Christus in seiner Macht beschlossen hat, seine Gemeinde zu bauen?

Wie erfrischend es doch ist, eine Gemeinde zu sehen, deren einzige Erklärung das Gebet, der Lobpreis und die Sensibilität für die Führung des Heiligen Geistes ist! Natürlich will ich nicht sagen, wir könnten erwarten, dass eine Gemeinde wächst, ohne dass Gemeindeglieder darin geschult werden, wie man evangelisiert und Menschen zu Jüngern macht. Gott benutzt uns, um sein Werk zu tun. Paulus sagt, dass wir mit Christus zusammenarbeiten. Doch am Ende sollten die Gemeindeglieder überzeugt sein, dass das, was sie an Wachstum gesehen haben, aus der Hand des Allmächtigen kommt.

> Das Gemeindewachstum ist letztendlich nicht in unserer, sondern in Christi Hand.

Wir bleiben Jesus oft den Dank schuldig, den er so außerordentlich verdient, wenn wir menschliche Erklärungen für ein göttliches Unternehmen suchen. Wir sollten soviel, wie wir können, von den Experten lernen – doch wir sollten niemals Methoden als Schlüssel zum Erfolg betrachten. Beim Gemeindeaufbau müssen wir uns bewusst auf ihn verlassen und dafür sorgen, dass er gepriesen wird, wenn die Gemeinde wächst.

Eine weitere Erklärung: Wenn eine Gemeinde nicht zahlenmäßig wächst, muss das nicht unbedingt die Schuld der menschlichen Werkzeuge Christi sein. Manchmal nehmen Gemeinden in Ländern, die dem christlichen Glauben ablehnend gegenüber stehen, durch Verfolgung und kulturelle Konflikte zahlenmäßig ab. Selbst in unserem eigenen Land gibt es Zeiten, in denen die Gemeinde selbst keine Schuld daran hat, wenn sie nicht an Mitgliederzahl zunimmt. Ich will damit nicht Nachlässigkeit und den Mangel einer Vision entschuldigen, sondern lediglich bestätigen, dass das Gemeindewachstum letztendlich nicht in unserer, sondern in Christi Hand ist.

Die Gemeinde wird von Christus erhalten

„Die Pforten der Hölle sollen sie nicht überwältigen", sagt Jesus (Matthäus 16,18). Der Sieg seiner Auferstehung erstreckt sich auch aufs Totenreich und auf die Mächte, die gegen Gott stehen. Das Leben der Gemeinde wird nicht durch solche scheinbaren Rückschritte aufgehalten werden. Die Gemeinde ist unzerstörbar.

Das kann uns in unserem überfüllten Arbeitsalltag ziemlich entlasten! Wir können beim Gemeindeaufbau Vertrauen haben, weil wir glauben, dass Gottes Ziel am Ende erreicht werden wird. Als die römischen Christen annahmen, dass Israels Unglaube Gottes Vorhaben behindere, versicherte ihnen Paulus: „Aber ich sage damit nicht, dass Gottes Wort hinfällig geworden sei. Denn nicht alle sind Israeliten, die von Israel stammen" (Römer 9,6).

Paulus sagt damit, dass das Wort Gottes sozusagen nicht vom Kurs abkommt. Gottes Vorhaben läuft nach Plan. Sein Werk in der Welt wird fortgesetzt, und es wird vollendet werden.

Paulus schreibt in Epheser 2,20-22: So seid ihr „erbaut auf den

Grund der Apostel und Propheten, da Jesus Christus der Eckstein ist, auf welchem der ganze Bau ineinandergefügt wächst zu einem heiligen Tempel in dem Herrn. Durch ihn werdet auch ihr miterbaut zu einer Wohnung Gottes im Geist."

Beachten Sie die drei passiven Verben, mit denen Paulus zeigt, dass die Gemeinde gleichzeitig gebaut und von Gott erhalten wird. Wir sind „erbaut", zugleich „ineinandergefügt" und wieder „miterbaut zu einer Wohnung Gottes im Geist". Gott handelt mit den Gläubigen, er ist dabei, auf der Erde sein Werk zu tun. Wie für die Steine, die wir bereits erwähnten, verwendet Gott für uns Hammer und Meißel, um seine Gemeinde für seine Ziele zuzurüsten.

Wie ermutigend! Es ist kein Abenteuer mit hohem Risiko, mit Christus am Aufbau der Gemeinde zu arbeiten. Wir haben eine Erfolgsgarantie. Peter Marshall sagte: „Es ist besser, bei einer Sache zu scheitern, die letztendlich erfolgreich sein wird, als bei einer Sache erfolgreich zu sein, die letztendlich scheitern wird." Obwohl wir in vielerlei Hinsicht scheitern werden, sind wir Teil eines Unternehmens, das Gottes oberste Priorität ist und das daher zwangsläufig Erfolg haben wird. Die Pforten der Hölle werden ihm nichts anhaben können.

Die Gemeinde wird von Christus bevollmächtigt

Zu Petrus sagte Jesus: „Ich will dir die Schlüssel des Himmelreichs geben: alles, was du auf Erden binden wirst, soll auch im Himmel gebunden sein, und alles, was du auf Erden lösen wirst, soll auch im Himmel gelöst sein" (Matthäus 16,19). Später verlieh Christus allen Aposteln diese Autorität.

Hier gibt Christus den Aposteln Vollmacht, ihre Aufgabe auszuführen. Man kann sich nicht vorstellen, dass er den Jüngern einen Auftrag, aber nicht die Fähigkeit geben würde, ihn auszuführen. Wenn ich meine Tochter einkaufen schicke, muss ich ihr Geld zum

Bezahlen mitgeben. Ob ihre Liste lang oder kurz ist, ob der Einkauf viel oder wenig kosten wird – sie muss sich an mich wenden, damit sie bezahlen kann. Christus muss die ausstatten, die für ihn Gemeinde bauen wollen. Weil ihm alle Macht gegeben ist, kann er zu uns sagen: „Und darum geht."

Die Gemeinde ist Gottes oberste Priorität in der Welt. Sie demonstriert seine Weisheit, sowohl heute als auch in den Zeiten, die kommen werden, „damit jetzt kundwerde die mannigfaltige Weisheit Gottes den Mächten und Gewalten im Himmel durch die Gemeinde. Diesen ewigen Vorsatz hat Gott ausgeführt in Christus Jesus, unserm Herrn" (Epheser 3,10-11).

Christus hat uns nicht allein gelassen. Er wohnt in uns und arbeitet mit uns am Aufbau seiner Gemeinde. Als Augustinus von der Plünderung Roms erfuhr, sagte er angeblich, was immer Menschen bauen würden, werde von Menschen zerstört werden ...

Weil Menschen zerstören werden, was andere gebaut haben, sollten wir damit fortfahren, Gemeinde zu bauen, denn unser Herr hat versprochen, dass ihr die Pforten der Hölle nichts anhaben können. Kein Risiko ist damit verbunden. Wir haben sein Versprechen, dass unser Vorhaben in Ewigkeit gelingen wird.

Anmerkungen

1. Garry Friesen: *Hilfe – ich muss mich entscheiden*, Jota Publ., Hammerbrücke 2001.
2. J. Oswald Sanders: *Spiritual Leadership*, Moody Press, Chicago 1994, S. 18.
3. John Jowett: *The Preacher: His Life and Work*, Baker Book House, Grand Rapids 1968, S. 21.
4. Auch: Presbyterium, Ältestenrat, Kirchgemeinderat (Anm. d. Übers.)
5. Bruce Stabbert: *The Team Concept*. Tacoma, Hegg Brothers, Washington 1982.
6. Marshall Shelley: *Well-Intentioned Dragon*, in: Christianity Today 1985, S. 110.
7. ebenda S. 107.
8. ebenda S. 133.
9. J. Grant Swank Jr.: "Who Counsels Pastors When They Have Problems?", in: *Christianity Today*, 25. November 1983, S. 58.
10. David Congo: *Theology News and Notes*, März 1984, S. 8.
11. Ian Murray: *Jonathan Edwards*, Banner of Truth Trust, 1987, S. 327.
12. James B. Scott: *Theology News and Notes*, März 1984, S. 15.
13. Francis Schaeffer: Die große *Anpassung: der Zeitgeist und die Evangelikalen*, Christliche Literatur-Verbreitung, Bielefeld, 2. Auflage 1998.
14. Lawrence Crabb: *Die Last des andern: biblische Seelsorge als Aufgabe der Gemeinde*, Brunnen Verlag, Gießen/Basel, 3. Auflage 1992.
15. William Temple, zitiert in: John MacArthur: *The Ultimate Priority*, Moody Press, Chicago 1983, S. 147.
16. ebenda S. 104.
17. John Stott: *Between Two Worlds*, Eerdmans,

Grand Rapids 1982, S. 82-83.
18 Robert Schuller: *Self-Esteem – The New Reformation*, Word, Dallas 1982, S. 26-27.
19 ebenda S. 14.
20 ebenda S. 127.
21 Luther: „Bischof" (Anm. d. Übers.).
22 Marshall Shelley, zitiert in: John Armstrong: *Can Fallen Pastors Be Restored?*, Moody Press, Chicago 1995, S. 17.
23 Nach James Atkinson: *Luthers Works: The Christian in Society I*. Bd. 44, Fortress, Philadelphia 1966, S. 45.
24 Anm. d. Übers: Im Grundtext gibt es für „Gemeinde" und „Kirche" nur ein Wort: *ekklesia*. Auch das Englische verwendet nur einen Ausdruck: *church*.

Über den Autor

ERWIN W. LUTZER ist nach Studium und mehreren Abschlüssen an verschiedenen amerikanischen Universitäten Leitender Pastor der bekannten Moody-Gemeinde in Chicago, Verfasser zahlreicher Bücher und viel gefragter Redner auf Konferenzen und im Radio.

Er berät Pastoren auf dem Hintergrund seiner reichen Erfahrung in der Gemeindearbeit. Dabei ist er dafür bekannt, nie vom Elfenbeinturm herab zu sprechen und keine „frommen" Patentrezepte zu verteilen. In seinem Buch geht es ihm darum, wie wir Schwierigkeiten in der Gemeindearbeit bewältigen und dabei geistlich wachsen können.

Wie meine Gemeinde für Gäste attraktiv wird

Walt Kallestad
Mit offenen Armen

Wie meine Gemeinde für Gäste attraktiv wird
190 Seiten. Paperback
Bestell-Nr. 3-7655-1278-8

Bei Walt Kallestad ist Leben in der Kirche. Weil dort Nachbarn, Neugierige und Gäste ganz allgemein nicht nur begrüßt, sondern mit offenen Armen empfangen, ja „gefeiert" werden; nach dem Motto von Dietrich Bonhoeffer: „Gemeinde ist nur dann Gemeinde, wenn sie Gemeinde für andere ist."
Der Erfolg gibt dieser lutherischen Gemeinde Recht: Aus 300 Gemeindegliedern sind 10000 geworden. Und das ohne Substanzverlust, aber nicht ohne bewusste Entscheidungen und konkrete Schritte.

Aus dem Inhalt:
Gästen begegnen – Gebet – Gottesdienst feiern – Predigen – Programmgestaltung – Finanzen – Mitarbeiter – Veränderungen bewältigen.

Dieses Buch verrät das „einfache Geheimnis" einer wachsenden Gemeinde mit zwanzig Jahren Erfahrung, die bewusst „Gemeinde für andere" sein will.

BRUNNEN VERLAG GIESSEN
www.brunnen-verlag.de

Gemeindeleitung - worauf kommt es an?

Ian Jagelman
Leiten, Dienen, Zukunft bauen

In der Gemeinde Menschen führen, Teams fördern,
Wachstum erleben

128 Seiten. Paperback. Bestell-Nr. 3-7655-1301-6

„Viel Zeit, Kraft und Motivation gehen verloren, weil der wichtige Unterschied zwischen Leitung und Dienst nicht erkannt wird. Häufig werden auch an kompetente Leute nur Dienstbereiche delegiert, aber nicht Leitungsverantwortung ..."
Wie kann eine Gemeinde, eine Gemeindegruppe wirkungsvoll geleitet werden? Jagelmans Buch ist ein Buch aus der Praxis für die Praxis, für Leiter und für Mitarbeiter:
- Welche Aufgaben sind Leitungsaufgaben, welche sind Dienstaufgaben?
- Wer kann, wer soll welche Führungsaufgaben wahrnehmen?
- Wie entwickelt man Ziele und Perspektiven für die eigene Gemeinde?
- Wie lässt sich ein alle motivierendes Leitbild entwickeln?
- Wie lassen sich Einzelne und Teams fördern, fordern und motivieren?
- Wie schafft man es, aus Gemeindebesuchern Gemeindemitglieder zu machen?

Ian Jagelman ist Leiter einer Gemeinde in Australien. Er schreibt als Praktiker mit einer Substanz an fundierter Theorie.

BRUNNEN VERLAG GIESSEN
www.brunnen-verlag.de

Erfolgreich lernen, leiten, leben

John C. Maxwell

Leadership

Die 21 wichtigsten Führungsprinzipien
224 Seiten. Fester Einband
Bestell-Nr. 3-7655-1801-8

Wer führen will, sollte sie kennen – die 21 wichtigsten Führungsprinzipien. Wer sie anwendet, wird erfolgreich sein – in Beruf, Gemeinde, Familie ... Wer erfolgreich bleiben will, sollte diese von John C. Maxwell in seiner über dreißigjährigen Tätigkeit als Lebens- und Managementberater ausgearbeiteten Prinzipien verinnerlichen und leben.

John C. Maxwell ist Pastor, Gründer des weltweit tätigen Management-Beratungsunternehmens INJOY sowie der humanitären Nonprofit-Organisation EQUIP. Er gilt als führender US-amerikanischer Leadership-Experte.

BRUNNEN VERLAG GIESSEN
www.brunnen-verlag.de

John C. Maxwell
Charakter und Charisma

Die 21 wichtigsten Qualitäten
erfolgreicher Führungspersönlichkeiten

160 Seiten. Fester Einband
Bestell-Nr. 3-7655-1809-3

„Wissen Sie, ob Ihre Führungseigenschaften Vertrauen bei Menschen wecken und Dinge in Bewegung setzen? Ich meine mit dieser Frage, ob Sie sich schon einmal Zeit genommen haben, sich mit diesem Thema auseinander zu setzen. Haben Sie feststellen können, ob Sie in der Lage sind, Ihre kühnsten Träume zu verwirklichen, ohne dabei auf andere angewiesen zu sein?
Sich der Frage nach der persönlichen Leitungsfähigkeit nicht nur zu stellen, sondern sie auch zu beantworten, setzt einigen Mut voraus. Ich habe *Charakter und Charisma* geschrieben, um Sie darin zu unterstützen, Ihr persönliches Leitungspotenzial und jene Eigenschaften zu entdecken und zu fördern, die Sie für erfolgreiche Führungsverantwortung benötigen."

John C. Maxwell

BRUNNEN VERLAG GIESSEN
www.brunnen-verlag.de

Volker und Martina Kessler
Die Machtfalle

Machtmenschen in der Gemeinde

80 Seiten. Paperback
Bestell-Nr. 3-7655-1225-7

Machtmenschen in der Gemeinde – gibt es so etwas wirklich? Viele Christen berichten, wie sie in eine Falle getappt sind und sich in einem Netz von Machtmissbrauch gefangen fühl(t)en. Welche Hinweise gibt die Bibel auf Machtmenschen? Wie unterscheidet man sie von Irrlehrern? Wieso haben solche Menschen gerade in christlichen Gemeinden oft leichtes Spiel? Welche Persönlichkeitsstrukturen sind oft charakteristisch für Täter, Mitspieler und Opfer? Welche Wege gibt es aus der Machtfalle? Eine ehemalige „Machtfrau" berichtet aus ihrem Leben. Ihr Beispiel zeigt, dass es begründete Hoffnung gibt, aus den Zwängen der Machtsucht herauszukommen.

Volker und Martina Kessler sind Mitarbeiter der Akademie für christliche Führungskräfte, Gummersbach.

BRUNNEN VERLAG GIESSEN
www.brunnen-verlag.de

Thomas Schirrmacher
Führen in ethischer Verantwortung

Die drei Seiten jeder Entscheidung
128 Seiten. Paperback
Bestell-Nr. 3-7655-1248

Führungskräfte müssen ständig verantwortlich entscheiden. Christen unter ihnen wissen aber oft nicht, wie sie am besten Brücken schlagen können zwischen ihren ethischen Werten und den hektischen Anforderungen des Berufsalltags.
Dieses Buch wird für viele eine Befreiung von falschen Alternativen bringen und damit unnötigen Stress verhindern. Es diskutiert grundsätzlich Fragen der Führungsethik anhand zahlreicher praktischer Beispiele aus Wirtschaft, Familie, Kirche und Staat, die den Lesern vertraut sind.

Thomas Schirrmacher ist Leiter des Martin Bucer Seminars für theologische Weiterbildung in Bonn.

BRUNNEN VERLAG GIESSEN
www.brunnen-verlag.de